Oahu Hawaï Guide de voyage 2024-2025

Le guide ultime de l'île paradisiaque d'Hawaï

Robert R. Lightfoot

Table des matières

Introduction

Pourquoi visiter Oahu ?

Oahu est l'île la plus visitée et la plus diversifiée d'Hawaï. Des plages de classe mondiale au surf en passant par les sites historiques et les attractions culturelles, il y en a pour tous les goûts. Oahu a tout pour plaire, que vous recherchiez l'aventure, les loisirs ou l'éducation.

Honolulu est une ville dynamique et cosmopolite avec de superbes magasins, restaurants, vie nocturne et divertissements.

Vous pourrez également découvrir la riche histoire et les traditions d'Hawaï dans des destinations telles que le palais Iolani, le seul palais royal des États-Unis, et Pearl Harbor.

La beauté naturelle et les plaisirs visuels abondent à Oahu. Une randonnée jusqu'au sommet de Diamond Head, un cratère volcanique éteint offrant une vue panoramique sur la ville et l'océan, est une option. La plongée en apnée est possible dans la baie de Hanauma, un sanctuaire marin qui abrite des centaines de poissons et coraux colorés. Waikiki Beach, la plage la plus célèbre et la plus populaire au monde, est un endroit idéal pour admirer le coucher de soleil. Vous pouvez également parcourir la Côte-Nord pour observer les vagues massives et les célèbres surfeurs qui les surfent.

Oahu est également un creuset culturel où vous pourrez découvrir les traditions et les habitants variés et uniques d'Hawaï.

Vous pourrez en apprendre davantage sur les nombreuses îles et civilisations du Pacifique en visitant le Centre culturel polynésien. Un luau est une fête et une célébration hawaïenne qui comprend de la musique, de la danse et de la nourriture. Vous pouvez également goûter à la cuisine locale, influencée par de nombreux groupes ethniques, notamment les autochtones hawaïens, les japonais, les chinois, les philippins, les coréens et les portugais.

Oahu est une véritable île paradisiaque, offrant le meilleur des deux mondes : l'agitation d'une métropole et la sérénité de la nature.

C'est une destination où vous pourrez vivre des expériences merveilleuses et découvrir l'esprit aloha ainsi que l'attitude chaleureuse et gentille du peuple hawaïen.

L'histoire d'Oahu

Oahu est l'île où l'histoire d'Hawaï a été façonnée par les événements et les individus qui ont laissé leur empreinte sur la terre et la culture. Les immigrants polynésiens ont apporté leurs coutumes et leurs croyances sur l'île, et Oahu est habitée depuis au moins le troisième siècle après JC.

Mailikkahi, le premier grand monarque d'Oahu, a régné au XVe siècle et a construit un système de règles et de répartition des terres qui a duré des générations. De nombreuses générations de dirigeants l'ont suivi, agrandissant et défendant leur pays.

L'équipage du HMS Resolution, dirigé par le capitaine James Cook, qui fut le premier Européen à explorer les îles hawaïennes, repéra Oahu en 1778. Le débarquement de Cook marqua le début de l'interaction et de l'influence des puissances étrangères sur Oahu et le reste d'Hawaï.

Kamehameha Ier, monarque d'Hawaï, captura Oahu en 1795 et unifia les îles hawaïennes sous son règne. En 1804, il déménagea la capitale royale de Lahaina, Maui, à Honolulu, Oahu. Ses successeurs, Kamehameha II, III, IV et V, gouvernèrent depuis Oahu et apportèrent d'importants changements aux structures politiques, sociales et économiques du royaume.

La monarchie hawaïenne a été renversée en 1893 par une coalition de marchands et de missionnaires américains et européens avec le soutien de l'armée américaine.

Le dernier monarque hawaïen, la reine Liliuokalani, a été chassé du pouvoir et emprisonné à la résidence Iolani, la seule résidence royale sur le territoire américain.

La marine impériale japonaise a attaqué Pearl Harbor, la base navale de la flotte américaine du Pacifique, à Oahu en 1941. L'attaque, qui a tué plus de 2 000 Américains et endommagé ou détruit plusieurs navires et avions, a poussé les États-Unis à entrer dans la Seconde Guerre mondiale. Pendant la guerre, Oahu est devenue un centre militaire majeur et une cible pour de nouvelles frappes.

Hawaï est devenu le 50ème État des États-Unis en 1959, Oahu étant l'île la plus peuplée et la plus développée. Depuis, Oahu est devenue une destination contemporaine et cosmopolite où cohabitent de nombreuses cultures et modes de vie.

Oahu est également une destination touristique célèbre, attirant chaque année des millions de touristes venus profiter de la beauté naturelle de l'île, de ses monuments historiques et de ses attractions culturelles.

Chapitre 1 : Planifier votre voyage

Quand visiter Oahu

Avec son climat chaud et ensoleillé, ses belles plages et ses nombreuses activités, Oahu est un lieu de vacances toute l'année. Cependant, en fonction de vos intérêts et de votre argent, il peut y avoir de meilleurs mois que d'autres pour visiter cette île paradisiaque.

Oahu est mieux visité entre avril et juin ou de septembre à mi-décembre. Ce sont les saisons intermédiaires, où il fait beau, où il y a moins de monde et où les coûts sont moins élevés. Sans les tracas de la haute saison, vous pourrez profiter de la beauté naturelle de l'île, des événements culturels et des activités de plein air.

Les saisons de pointe à Oahu s'étendent de la mi-décembre à mars et de juillet à août. Ce sont les saisons les plus chargées de l'île, notamment pendant les vacances et les vacances scolaires. Le temps est également plus chaud et plus humide, et les coûts ont augmenté. Il y a cependant certains avantages à y aller pendant ces mois, comme l'observation des baleines, le surf et les festivals de vacances.

La basse saison à Oahu s'étend de fin octobre à début décembre, puis d'avril à début juin.

Ce sont les périodes les moins encombrées de l'île et les coûts les plus bas. Le temps reste chaud et lumineux, mais il y a moins d'humidité et d'averses. C'est une excellente période à venir si vous souhaitez passer des vacances calmes et agréables, ou si vous souhaitez économiser sur les vols et l'hébergement.

Quelle que soit la période de l'année à laquelle vous visitez Oahu, vous trouverez suffisamment de choses à voir et à faire sur cette magnifique île. De l'histoire et de la culture à la nature et à l'aventure, Oahu a quelque chose pour tout le monde. Vous pouvez visiter l'historique Pearl Harbor, gravir le célèbre Diamond Head, nager dans la pittoresque baie de Hanauma, observer les surfeurs sur la côte nord et bien plus encore à Honolulu.

Oahu est une destination où vous pourrez vivre des moments merveilleux et ressentir l'esprit d'aloha.

Comment se rendre à Oahu

Avec des vols réguliers depuis de nombreuses destinations nationales et internationales, Oahu est l'île la plus accessible et la mieux connectée d'Hawaï. L'aéroport international Daniel K. Inouye (HNL), anciennement connu sous le nom d'aéroport international d'Honolulu, est situé à environ 10 kilomètres du centre-ville d'Honolulu et à 16 kilomètres de Waikiki.

Des vols directs vers Oahu sont disponibles depuis les principales villes des États-Unis, du Canada, du Japon, de l'Australie, de la Nouvelle-Zélande, de la Chine, de la Corée, de Taiwan et d'autres pays.

American Airlines, United Airlines, Delta Airlines, Hawaiian Airlines, Alaska Airlines, Air Canada, WestJet, Japan Airlines, All Nippon Airways, Qantas, Air New Zealand, China Airlines, Korean Air et d'autres desservent Oahu. Les compagnies aériennes inter-îles telles que Hawaiian Airlines, Mokulele Airlines et Southwest Airlines se rendent à Oahu depuis d'autres îles hawaïennes telles que Maui, Kauai et la Grande Île.

Vous pouvez découvrir les meilleurs tarifs sur les vols vers Oahu en réservant directement auprès de la compagnie aérienne ou via une agence de voyages. Les mois les moins chers pour voyager à Oahu sont généralement avril, mai, septembre et octobre, décembre, janvier, juin et juillet étant les plus chers. La durée du vol vers Oahu varie en fonction de votre point de départ, mais elle est normalement de 5 à 11 heures depuis le continent américain, de 9 à 10 heures depuis le Canada, de 6 à 8 heures depuis le Japon, de 9 à 11 heures depuis l'Australie et de 8 à 9 heures. heures de Nouvelle-Zélande.

Vous disposez de plusieurs alternatives pour vous rendre à votre hôtel ou à votre destination à Oahu une fois arrivé à l'aéroport.
Vous pouvez louer une voiture auprès de l'une des nombreuses sociétés de location de voitures de l'aéroport, notamment Alamo, Avis, Budget, Enterprise, Hertz, National et Thrifty. Vous pouvez également prendre un taxi, une navette ou un bus, ou utiliser un service de covoiturage tel qu'Uber ou Lyft. Le coût et la durée du transport varient en fonction de votre emplacement, de la circulation et du mode de déplacement, mais de l'aéroport à Waikiki, vous pouvez vous attendre à payer entre 40 $ et 60 $ pour un taxi, entre 15 $ et 25 $ pour une

navette, 2,75 $ pour un bus et 25 $ à 45 $ pour un service de covoiturage. Pour un voyage plus agréable et plus pratique, vous pouvez également organiser un service de navette privée ou de limousine.

Oahu est simple à atteindre, grâce à son aéroport moderne et bien desservi et à ses divers choix de transports en commun. Que vous voyagiez de près ou de loin, l'esprit aloha chaleureux et convivial d'Oahu vous accueillera dès votre atterrissage.

Oahu offre le meilleur des deux mondes : l'excitation d'une métropole et la tranquillité de la nature.

Les meilleures façons de se déplacer à Oahu

Oahu est l'île la plus peuplée et la plus fréquentée d'Hawaï, offrant un large éventail d'alternatives de transport adaptées à vos besoins et intérêts. Vous trouverez un moyen de voyager autour d'Oahu qui vous convient, que vous souhaitiez visiter l'île à votre guise ou faire appel à des services publics ou privés.

Voici les principaux modes de transport à Oahu :

La location d'une voiture est le moyen le plus pratique et le plus adaptable de visiter l'île, car vous pouvez vous rendre n'importe où et vous arrêter à tout moment. Vous pouvez louer une voiture à l'aéroport ou auprès de plusieurs entreprises à Waikiki et dans les régions environnantes. Pour louer une voiture, vous devez avoir un permis de conduire valide et une carte de crédit. Vous devez également payer l'essence, le stationnement et l'assurance.

Le bus: Il s'agit du système de transport public d'Oahu, qui couvre la majorité de l'île et commence à fonctionner à 4 heures du matin tous les jours de 8 heures à minuit. Les destinations populaires, notamment Pearl Harbor, Diamond Head, Hanauma Bay et la côte nord, sont accessibles en bus. . Vous devez payer 2,75 $ par trajet ou acheter un laissez-passer d'une journée pour 5,50 $ ou un laissez-passer de quatre jours pour 35 $.

Taxi, Uber ou Lyft: Il s'agit de services de transport privés que vous pouvez utiliser pour vous rendre rapidement et confortablement chez vous. Vous pouvez appeler un taxi, en prendre un dans la rue ou utiliser une application de covoiturage comme Uber ou Lyft. En fonction du service et de la distance, un coût de base vous sera facturé plus des frais par mile ou par minute. Vous pouvez payer en espèces ou par carte de crédit, ou vous pouvez payer et donner un pourboire en utilisant l'application. De l'aéroport à Waikiki, prévoyez de payer 40 à 60 $ pour un taxi ou 25 à 45 $ pour un Uber ou un Lyft.

Chariots: Ces chariots lumineux et divertissants proposent des excursions touristiques autour d'Oahu. Vous pouvez monter et descendre des tramways à de nombreux endroits ou parcourir toute la boucle. Plusieurs itinéraires sont disponibles, couvrant Waikiki, le centre-ville, Pearl Harbor, Diamond Head et bien plus encore. Vous devez acheter un billet ou un laissez-passer dont le prix varie de 2 $ à 45 $, selon le trajet et la longueur. Les billets peuvent être achetés en ligne ou aux arrêts de tramway.

Vélos: Ce sont des modes de transport écologiques et sains à Oahu, en particulier à Waikiki et dans d'autres endroits plats. Vous pouvez louer un vélo dans divers magasins ou utiliser un service de partage de vélos tel que [Biki], qui compte plus de 100 stations et 1 300 vélos répartis dans Honolulu. Un coût est requis, qui varie de 4$ à 25$ selon le modèle de vélo et l'époque. Vous pouvez payer en espèces, par carte de crédit ou via l'application Biki. Grâce à l'application ou au site Web Biki, vous pouvez localiser la station de vélos la plus proche et vérifier la disponibilité des vélos.

Locations de scooters: Ce sont des méthodes agréables et pratiques pour se déplacer à Oahu, en particulier à Waikiki et dans d'autres zones métropolitaines. Vous pouvez louer un scooter dans divers magasins ou utiliser un service de partage de scooters comme [Lime] ou [Bird], qui disposent de centaines de scooters électriques dispersés à travers Honolulu. Vous devrez payer un coût allant de 1 $ à 15 $ selon le modèle du scooter et la durée pendant laquelle vous l'utiliserez.

Vous pouvez utiliser une carte de crédit ou l'application pour payer. Grâce à l'application, vous pouvez localiser et déverrouiller le scooter le plus proche. Pour conduire un scooter à Oahu, vous devez respecter les règles et réglementations, comme porter un casque, rester sur les pistes cyclables et vous garer de manière appropriée.

Où rester

Oahu est l'île la plus peuplée et la plus diversifiée d'Hawaï, offrant des hébergements pour tous les goûts, budgets et préférences. Oahu a tout pour plaire, que vous choisissiez un complexe en bord de mer, un hôtel du centre-ville, un bed & breakfast tranquille ou une location de vacances.

L'endroit idéal pour séjourner à Oahu est déterminé par ce que vous voulez voir et faire sur l'île, ainsi que par votre budget. Voici quelques-uns des facteurs les plus importants à prendre en compte pour décider où séjourner à Oahu :

Waikiki: La région la plus connue et la plus fréquentée d'Oahu, comprenant la majeure partie des hôtels, centres de villégiature, magasins, restaurants, bars et installations de divertissement. Waikiki est parfait pour les nouveaux visiteurs, les amateurs de plage, les amateurs de vie nocturne et ceux qui veulent être proches de tout. D'autres sites touristiques d'Oahu, comme Pearl Harbor, Diamond Head et Hanauma Bay, sont tous facilement accessibles depuis Waikiki. Cependant, Waikiki peut être bondé, bruyant et cher, donc si vous préférez rester dans un endroit plus calme et plus paisible, vous devriez chercher ailleurs.

Honolulu: Capitale et plus grande ville d'Hawaï, c'est le centre culturel, historique et commercial de l'île. Les attractions d'Honolulu incluent le palais Iolani, le seul palais royal des États-Unis, le Bishop Museum, le plus grand musée d'Hawaï, et Chinatown, un quartier dynamique et coloré. Honolulu est une alternative fantastique pour les personnes qui souhaitent découvrir le côté métropolitain d'Oahu ainsi que les arts, la culture et la gastronomie de l'île. Cependant, Honolulu peut être chaotique, encombrée et coûteuse, donc si vous préférez une expérience plus décontractée et naturelle, vous devriez chercher ailleurs.

Désolé: Il s'agit d'une région haut de gamme et exclusive du côté est d'Oahu, où se trouvent certaines des résidences les plus opulentes et les plus coûteuses de l'île. Kahala est connue pour ses plages isolées, ses terrains de golf de classe mondiale et ses habitants célèbres. Kahala est idéal pour les personnes qui souhaitent passer des vacances luxueuses et tranquilles tout en profitant de la solitude et de la sécurité de la région. Cependant, Kahala peut être isolée, sans intérêt et chère, donc si vous préférez des vacances plus dynamiques et moins chères, vous devriez chercher ailleurs.

je m'appelle Olina: Il s'agit d'un quartier de villégiature planifié du côté ouest d'Oahu, où vous pourrez découvrir certaines des résidences les plus récentes et les plus sophistiquées de l'île. Ko Olina est célèbre pour ses quatre lagons artificiels, son parcours de golf de championnat et son complexe sur le thème Disney. Ko Olina est idéal pour tous ceux qui recherchent des vacances familiales et amusantes tout en profitant des commodités et des activités du complexe. Cependant, Ko Olina peut être artificielle, encombrée et coûteuse, donc si vous voulez une expérience plus vraie et naturelle, vous devriez chercher ailleurs.

la côte Nord: La côte nord d'Oahu est un endroit rural et magnifique avec certaines des plus grandes zones de surf, plages et faune de l'île. La Côte-Nord est bien connue pour ses vagues hivernales, ses communautés pittoresques et son style de vie décontracté. North Shore est idéal pour les personnes qui souhaitent découvrir le côté aventureux et authentique d'Oahu tout en profitant de la beauté et de la culture de l'île. Cependant, la Côte-Nord peut être éloignée, humide et restreinte, donc si vous préférez des vacances plus pratiques et diversifiées, vous devriez chercher ailleurs.

Deux: Une région pittoresque et conviviale du côté est d'Oahu avec certaines des plus belles plages, du kayak et de la randonnée de l'île. Kailua est célèbre pour ses mers turquoise, ses plages de sable blanc ainsi que ses magasins et cafés locaux. Kailua est idéal pour les personnes qui souhaitent découvrir le côté détendu et charmant d'Oahu tout en profitant des activités de plein air et marines de l'île.

Cependant, Kailua peut être venteux, encombré et cher, donc si vous préférez des vacances plus tranquilles et bon marché, vous devriez chercher ailleurs.

Comment planifier un budget de voyage

Vols: Le coût des vols vers Oahu est déterminé par votre lieu de départ, la saison et la disponibilité. Les services de voyage en ligne tels que [Expedia], [Kayak], [Skyscanner] et [Google Flights] peuvent vous aider à trouver les meilleures affaires des compagnies aériennes. Vous pouvez également réserver votre vol directement auprès de la compagnie aérienne ou via une agence de voyages. Les mois les moins chers pour voyager à Oahu sont généralement avril, mai, septembre et octobre, décembre, janvier, juin et juillet étant les plus chers. Le temps de vol depuis le continent américain vers Oahu est de 5 à 11 heures, de 9 à 10 heures depuis le Canada, de 6 à 8 heures depuis le Japon, de 9 à 11 heures depuis l'Australie et de 8 à 9 heures depuis la Nouvelle-Zélande. Un vol aller-retour depuis la côte ouest des États-Unis coûtera environ 450 à 800 dollars par personne, 550 à 930 dollars par personne depuis la côte est des États-Unis, 600 à 1 000 dollars par personne depuis le Canada, 500 à 800 dollars par personne depuis le Japon, 800 à 1 200 dollars par personne depuis le Japon. Australie et 700 à 1 100 dollars par personne en provenance de Nouvelle-Zélande.

Hébergement: Le coût de l'hébergement à Oahu varie en fonction du type, de l'emplacement et de la qualité de la station. Vous avez le choix entre des hôtels, des centres de villégiature, des chambres d'hôtes, des locations de vacances, des auberges et des camping-cars. Les sociétés de réservation en ligne telles que [Booking.com], [Hotels.com], [AirbnB] et [VRBO] peuvent vous aider à trouver les meilleures réductions sur l'hébergement. Vous pouvez également réserver votre séjour directement auprès de l'hôtel ou via une agence de voyages. Les endroits les moins chers où séjourner à Oahu sont généralement le centre-ville d'Honolulu, le côté ouest et la rive nord, tandis que Waikiki, Kahala et Ko Olina sont les plus chers. Les mois les moins chers pour visiter Oahu sont généralement avril, mai, septembre et octobre, décembre, janvier, juin et juillet étant les plus chers. Un hôtel économique coûtera entre 100 et 200 dollars par nuit, un hôtel de milieu de gamme coûtera entre 200 et 400 dollars par nuit, un hôtel de luxe coûtera entre 400 et 800 dollars par nuit, une location de vacances coûtera entre 150 et 300 dollars par nuit, un lit et le petit-déjeuner coûtera entre 50 et 100 dollars par nuit, une auberge de jeunesse coûtera entre 30 et 50 dollars par nuit et un terrain de camping coûtera entre 10 et 20 dollars par nuit.

Transport: Le coût du transport à Oahu est déterminé par le mode de transport, la distance parcourue et la fréquence des déplacements. Des véhicules de location, des bus, des taxis, des Ubers, des Lyfts, des chariots, des vélos, des scooters et des navettes sont disponibles. Utilisez des services de comparaison Internet comme [Discount Hawaii Car Rental] ou [Expedia] pour localiser les meilleures offres de transport. Vous pouvez également réserver votre transport via une agence de voyages ou directement auprès de l'opérateur.

Le bus est le moyen le moins cher pour se déplacer à Oahu, coûtant 2,75 $ pour chaque trajet ou 5,50 $ pour un pass d'une journée. La méthode la plus simple pour se rendre à Oahu est de louer une voiture, qui coûte environ 50 $ par jour plus l'essence, le parking et l'assurance. Le moyen le plus agréable de se déplacer à Oahu est le vélo ou le scooter, qui coûte entre 4 et 15 dollars de l'heure. La méthode la plus pratique pour se déplacer à Oahu est le taxi, Uber ou Lyft, qui coûte entre 40 $ et 60 $ de l'aéroport à Waikiki, ou 25 $ à 45 $ pour un Uber ou Lyft. La méthode la plus pittoresque pour se déplacer autour d'Oahu est le tramway, dont le prix varie de 2 $ à 45 $ par billet ou pass, selon l'itinéraire et la durée.

Nourriture: Le prix de la nourriture à Oahu varie en fonction du type, de la qualité et de l'emplacement du restaurant.

La gastronomie, les repas informels, la restauration rapide, les food trucks, les épiceries et les marchés de producteurs sont autant d'options. Les services d'évaluation en ligne tels que [Yelp], [TripAdvisor] et [Zomato] peuvent vous aider à localiser les meilleures réductions sur les restaurants. Vous pouvez également obtenir des recommandations de la part des habitants ou du personnel de votre hôtel. Les chaînes de restauration rapide, les food trucks, les épiceries et les marchés de producteurs sont normalement les endroits les moins chers pour dîner à Oahu, tandis que les restaurants gastronomiques, les centres de villégiature et les sites touristiques sont généralement les plus chers. À Oahu, les cuisines les plus abordables sont généralement asiatiques, hawaïennes et américaines, tandis que les cuisines les plus chères sont européennes, japonaises et fruits de mer.

Un dîner de restauration rapide devrait coûter entre 10 $ et 15 $ par personne, un repas décontracté devrait coûter entre 15 $ et 25 $ par personne, un repas gastronomique devrait coûter entre 25 $ et 50 $ par personne, un repas dans un food truck devrait coûter entre 5 $ et 10 $ par personne, les produits d'épicerie devraient coûte entre 50 et 100 dollars par semaine, et les marchés de producteurs devraient coûter entre 2 et 5 dollars par article.

Activités: Le coût des activités à Oahu varie en fonction du type, de la durée et du fournisseur. Visites touristiques, randonnées, surf, plongée en apnée, observation des baleines, tours en hélicoptère, shopping, restauration, spectacles luau, musées et galeries d'art sont autant d'options.

Les sociétés de réservation en ligne telles que [Viator], [GetYourGuide] et [Groupon] peuvent vous aider à trouver les meilleurs tarifs sur les activités. Les activités peuvent également être réservées directement auprès du fournisseur ou via une agence de voyages. Les activités les plus abordables à Oahu sont généralement gratuites ou peu coûteuses, comme la visite des plages, des parcs, des monuments et des sites historiques, les sentiers de randonnée, le surf sur les vagues, la plongée en apnée sur les récifs et l'observation des couchers de soleil.

Les activités les plus coûteuses à Oahu sont généralement haut de gamme ou spécialisées, comme un tour en hélicoptère, une navigation en catamaran, nager avec les dauphins, assister à un spectacle luau et faire du shopping dans un centre commercial.

Une activité gratuite ou à petit prix vous coûtera entre 0$ et 10$ par personne, une activité milieu de gamme vous coûtera entre 10$ et 50$, une activité haut de gamme vous coûtera entre 50$ et 200$ et une activité spécialisée vous coûtera entre 200$ et 500$ par personne.

Hébergement

L'endroit idéal pour séjourner à Oahu est déterminé par ce que vous voulez voir et faire sur l'île, ainsi que par votre budget. Voici quelques-uns des facteurs les plus importants à prendre en compte pour décider où séjourner à Oahu :

Waikiki: La région la plus connue et la plus fréquentée d'Oahu, comprenant la majeure partie des hôtels, centres de villégiature, magasins, restaurants, bars et installations de divertissement. Waikiki est parfait pour les nouveaux visiteurs, les amateurs de plage, les amateurs de vie nocturne et ceux qui veulent être proches de tout. D'autres sites touristiques d'Oahu, comme Pearl Harbor, Diamond Head et Hanauma Bay, sont tous facilement accessibles depuis Waikiki.

Cependant, Waikiki peut être bondé, bruyant et cher, donc si vous préférez rester dans un endroit plus calme et plus paisible, vous devriez chercher ailleurs.

Honolulu: Capitale et plus grande ville d'Hawaï, c'est le centre culturel, historique et commercial de l'île. Les attractions d'Honolulu incluent le palais Iolani, le seul palais royal des États-Unis, le Bishop Museum, le plus grand musée d'Hawaï, et Chinatown, un quartier dynamique et coloré. Honolulu est une alternative fantastique pour les personnes qui souhaitent découvrir le côté métropolitain d'Oahu ainsi que les arts, la culture et la gastronomie de l'île.

Cependant, Honolulu peut être chaotique, encombrée et coûteuse, donc si vous préférez une expérience plus décontractée et naturelle, vous devriez chercher ailleurs.

Désolé: Il s'agit d'une région haut de gamme et exclusive du côté est d'Oahu, où se trouvent certaines des résidences les plus opulentes et les plus coûteuses de l'île. Kahala est connue pour ses plages isolées, ses terrains de golf de classe mondiale et ses habitants célèbres. Kahala est idéal pour les personnes qui souhaitent passer des vacances luxueuses et tranquilles tout en profitant de la solitude et de la sécurité de la région. Cependant, Kahala peut être isolée, sans intérêt et chère, donc si vous préférez des vacances plus dynamiques et moins chères, vous devriez chercher ailleurs. Les sociétés de réservation en ligne telles que [Booking.com], [Hotels.com] et [Expedia] peuvent vous aider à trouver les meilleures réductions sur les hôtels de Kahala.

je m'appelle Olina: Il s'agit d'un quartier de villégiature planifié du côté ouest d'Oahu, où vous pourrez découvrir certaines des résidences les plus récentes et les plus sophistiquées de l'île. Ko Olina est célèbre pour ses quatre lagons artificiels, son parcours de golf de championnat et son complexe sur le thème Disney. Ko Olina est idéal pour tous ceux qui recherchent des vacances familiales et amusantes tout en profitant des commodités et des activités du complexe. Cependant, Ko Olina peut être artificielle, encombrée et coûteuse, donc si vous voulez une expérience plus vraie et naturelle, vous devriez chercher ailleurs. Les sociétés de réservation en ligne telles que [Booking.com], [Hotels.com] et [Expedia] peuvent vous aider à trouver les meilleures réductions sur les hôtels de Ko Olina.

la côte Nord: La côte nord d'Oahu est un endroit rural et magnifique avec certaines des plus grandes zones de surf, plages et faune de l'île. La Côte-Nord est bien connue pour ses vagues hivernales, ses communautés pittoresques et son style de vie décontracté. North Shore est idéal pour les personnes qui souhaitent découvrir le côté aventureux et authentique d'Oahu tout en profitant de la beauté et de la culture de l'île. Cependant, la Côte-Nord peut être éloignée, humide et restreinte, donc si vous préférez des vacances plus pratiques et diversifiées, vous devriez chercher ailleurs. Les sociétés de réservation en ligne telles que [Booking.com], [Hotels.com] et [Expedia] peuvent vous aider à trouver les réductions les plus importantes sur les hôtels de la Côte-Nord.

Deux: Une région pittoresque et conviviale du côté est d'Oahu avec certaines des plus belles plages, du kayak et de la randonnée de l'île. Kailua est célèbre pour ses mers turquoise, ses plages de sable blanc ainsi que ses magasins et cafés locaux. Kailua est idéal pour les personnes qui souhaitent découvrir le côté détendu et charmant d'Oahu tout en profitant des activités de plein air et marines de l'île. Cependant, Kailua peut être venteux, encombré et cher, donc si vous préférez des vacances plus tranquilles et bon marché, vous devriez chercher ailleurs. Les services de réservation en ligne tels que [Booking.com], [Hotels.com] et [Expedia] peuvent vous aider à trouver les meilleures réductions sur les hôtels de Kailua.

Conseils de voyage et recommandations de sécurité

Santé: Bien qu'Oahu soit généralement un endroit sain et sûr, vous devez néanmoins veiller à éviter d'être malade ou blessé. Pour rester hydraté, buvez beaucoup d'eau, surtout par temps chaud et humide. Vous devez également vous protéger du soleil en utilisant de la crème solaire, des lunettes de soleil et des chapeaux. Boire de l'eau du robinet, manger des aliments crus ou insuffisamment cuits et nager dans de l'eau sale ou stagnante doivent tous être évités car ils pourraient provoquer des problèmes ou des maladies gastro-intestinales. Vous devez également éviter les insectes, les méduses et les coraux, qui peuvent vous blesser ou vous couper. En cas d'urgence, munissez-vous de vos médicaments et de vos ordonnances, ainsi que d'une trousse de premiers secours. De plus, vous devez souscrire une assurance voyage qui couvre les frais médicaux et l'évacuation en cas d'accident ou de maladie catastrophique.

Sécurité: Bien qu'Oahu soit généralement une zone sûre et accueillante, vous devez prendre certaines mesures pour éviter d'être volé ou blessé. Conservez vos objets de valeur et vos papiers dans un coffre-fort, comme un hôtel ou un casier. Vous devez également avoir sur vous uniquement les espèces et les cartes de crédit nécessaires et éviter de les montrer en public. Vous devez éviter de vous promener seul la nuit, surtout si l'endroit est sombre ou désolé. Vous devez également éviter de vous droguer, de jouer ou de vous prostituer, car ces activités pourraient entraîner des difficultés ou de la violence. Vous devez traiter les habitants avec respect et éviter tout désaccord ou dispute.

Vous devez également être informé des lois et traditions locales et les respecter. Vous devez également avoir une personne de contact sur laquelle vous pouvez compter, comme un ami, un membre de votre famille ou le personnel de l'hôtel, qui peut vous aider en cas d'urgence.

Transport: Oahu dispose d'une multitude d'alternatives de transport, mais vous devez les utiliser avec prudence et responsabilité. Lorsque vous conduisez ou conduisez une voiture, vous devez toujours porter une ceinture de sécurité et respecter toutes les lois et réglementations de la circulation. Vous devez également éviter de conduire sous l'influence de l'alcool ou de drogues, car cela peut entraîner des accidents ou des amendes. Vous devez également faire attention aux piétons, aux motards et aux scooters qui pourraient partager la route avec vous.

Avant de louer une voiture, vous devez inspecter son état et son assurance, et signaler tout dommage ou problème au loueur. Pour louer une voiture, vous devez également avoir un permis de conduire valide et une carte de crédit. Vous devez également faire preuve de prudence lorsque vous empruntez les transports en commun, notamment les bus, les taxis, les Ubers, les Lyfts, les chariots, les vélos et les scooters. Payez toujours le bon tarif et conservez votre billet ou votre reçu. Vous devez également vérifier les horaires et l'itinéraire des transports en commun pour vous assurer que vous descendez au bon arrêt. Évitez de monter dans des voitures non immatriculées ou douteuses et signalez tout incident ou plainte aux autorités.

Des choses: Oahu a une variété de choses à offrir, mais vous devez être prudent et attentionné lorsque vous y participez. Suivez toujours les instructions et les instructions du prestataire d'activité et portez les vêtements et l'équipement nécessaires. Vérifiez également la météo et les circonstances de l'activité, et évitez de la réaliser si elle est trop nocive ou dangereuse. Vous devez également respecter l'écologie et la culture d'Oahu et éviter de nuire ou de polluer l'environnement, ainsi que de déranger ou d'insulter les insulaires.

Vous devez également être conscient de vos limites et de vos capacités et éviter de faire quelque chose de trop difficile ou trop difficile pour vous. Vous devez vous amuser et vous amuser, mais sans risquer votre propre sécurité ou celle des autres.

Vous devez également disposer d'un plan d'urgence au cas où l'activité serait annulée ou modifiée. Vous devez également emporter un appareil photo ou un téléphone avec vous pour enregistrer et partager vos souvenirs.

Conditions de visa et d'entrée

Programme d'exemption de visa

Si vous êtes citoyen de l'un des 39 pays qui participent au programme d'exemption de visa (VWP), vous pouvez entrer à Oahu sans visa pendant 90 jours maximum à des fins touristiques, d'affaires ou de transit. Les pays VWP comprennent le Royaume-Uni, l'Australie, la Nouvelle-Zélande, le Japon et la majorité des pays européens.

Pour être éligible au VWP, vous devez :

- Posséder un passeport en cours de validité, de préférence un passeport électronique avec une puce numérique et une identité biométrique.
- Ayez un ESTA autorisé, qui est une demande en ligne de 14 $ valable pendant deux ans ou jusqu'à l'expiration

de votre passeport, selon la première éventualité.

- Ayez un billet de retour ou de continuation vers un endroit en dehors des États-Unis.
- Aucun casier judiciaire ni infraction antérieure en matière d'immigration aux États-Unis.
- Vous ne devez pas avoir été ou avoir été présent en Iran, en Irak, en Libye, en Corée du Nord, en Somalie, au Soudan, en Syrie ou au Yémen à compter du 1er mars 2011, à moins d'avoir un visa valide ou une dérogation du gouvernement américain.

Vous devez faire votre demande au moins 72 heures avant votre date de départ, mais il est préférable de faire votre demande dès que vous planifiez votre voyage.

Vous devez fournir des informations personnelles et de passeport, des informations de contact et d'emploi, et répondre aux questions sur votre santé et votre passé criminel. Pour payer les frais, vous aurez également besoin d'une carte de crédit valide ou d'un compte PayPal. Vous serez informé par e-mail de votre statut ESTA, qui pourra être accordé, en attente ou refusé. Vous devez imprimer votre autorisation ESTA ou l'enregistrer sur votre téléphone ou votre tablette au cas où vous auriez besoin de la présenter aux compagnies aériennes ou aux agents frontaliers.

Visa

Si vous n'êtes pas qualifié pour le VWP ou si vous souhaitez rester à Oahu pendant plus de 90 jours, vous devez demander un visa à l'ambassade ou au consulat américain le plus proche dans votre pays. Le type de visa dont vous avez besoin est déterminé par le motif de votre voyage, par exemple touristique, étudiant, travailleur ou familial.

Pour demander un visa, vous devez procéder comme suit :

Remplissez le formulaire de demande de visa en ligne (DS-160), qui comprend vos informations personnelles et celles de votre passeport, vos intentions de voyage, vos coordonnées et informations professionnelles, ainsi que certaines questions sur vos antécédents et votre éligibilité.

Payez les frais de demande de visa, qui varient selon le type de visa et la nationalité.

Prenez rendez-vous pour un entretien à l'ambassade ou au consulat américain, ce qui est obligatoire pour la plupart des demandeurs de visa. Consultez les temps d'attente et la disponibilité ici.

Rassemblez les documents nécessaires pour votre entretien, qui peuvent inclure votre passeport, votre page de confirmation de demande de visa, votre reçu des frais de visa, votre photo, votre itinéraire de voyage, vos preuves financières et professionnelles, ainsi que tout autre document propre à votre type de visa. Les documents pertinents peuvent être trouvés ici.

Assistez à votre entretien à l'ambassade ou au consulat des États-Unis, où vous serez interrogé sur votre objectif et vos projets de voyage, vos liens et vos intentions de retourner dans votre pays d'origine, ainsi que votre éligibilité au visa et vos informations d'identification. Vos empreintes digitales seront également prises et photographiées. La conclusion de votre entretien vous sera communiquée, elle pourra être approuvée, en attente ou refusée.

Vous devez demander votre visa le plus tôt possible, mais au plus tard six mois avant la date de départ prévue. Les délais de traitement des visas varient en fonction du type de visa, de votre nationalité et de la charge de travail de l'ambassade ou du consulat.

Vous devez attendre d'avoir obtenu votre visa avant de procéder aux derniers préparatifs du voyage. Si votre demande de visa est accordée, vous recevrez votre passeport avec la vignette visa attachée par courrier ou en personne à l'ambassade ou au consulat. Vérifiez votre visa pour détecter tout problème et signalez-le dès que possible. Vous devez également examiner attentivement les instructions et les conditions de votre visa.

Votre visa ne garantit pas l'entrée à Oahu ou aux États-Unis. Vous serez toujours soumis à l'inspection de l'immigration et des douanes au port d'entrée, où vous devrez fournir votre passeport, votre visa et tout autre document pertinent. L'agent d'immigration décidera si vous serez admis et pour combien de temps. De plus, vous recevrez un tampon d'entrée ou un formulaire I-94 imprimé dans votre passeport indiquant la date et la durée de votre séjour approuvé. Vous devez conserver ce document en lieu sûr car vous devrez peut-être le présenter lorsque vous quittez les États-Unis ou lorsque vous demandez des prestations ou des services aux États-Unis.

Chapitre 2 : Oahu en un coup d'œil

La culture d'Oahu

La culture d'Oahu est une combinaison unique de coutumes polynésiennes, asiatiques et occidentales formées par des siècles d'histoire et d'isolement physique. Voici quelques caractéristiques importantes de la culture d'Oahu dont il faut être conscient :

Hula

Le Hula est une danse traditionnelle hawaïenne qui utilise le mouvement et la musique pour transmettre des histoires. Il s'agit d'un type d'expression culturelle forte qui représente l'histoire et l'identité du peuple hawaïen. Le hula est divisé en deux types : le hula kahiko, qui était pratiqué avant l'arrivée des explorateurs occidentaux à Hawaï, et le hula 'auana, qui est une version moderne du hula combinant des éléments de diverses cultures.

Langue: L'hawaïen est une langue polynésienne avec un vocabulaire et une syntaxe distincts. Il s'agit d'un aspect essentiel de la culture hawaïenne et des efforts sont déployés pour le revigorer et le conserver pour les générations futures. Vous pouvez apprendre et utiliser quelques termes et expressions hawaïens simples, comme aloha (bonjour, au revoir, amour), mahalo (merci) et kai (mer), lorsque vous interagissez avec les autochtones. L'hawaïen peut également être entendu sur les chaînes de radio et de télévision telles que [Hawaiian 105 KINE].

Nourriture

La cuisine hawaïenne est une délicieuse combinaison d'influences polynésiennes, japonaises, chinoises, philippines, coréennes et portugaises. La cuisine hawaïenne va du poke (salade de poisson cru) au laulau (porc enveloppé dans des feuilles de taro) en passant par la glace pilée (glace pilée aromatisée) et les déjeuners dans des assiettes (riz, salade de macaronis et viande). À Oahu, vous pouvez déguster la cuisine hawaïenne dans une variété de restaurants et de restaurants, notamment [Helena's Hawaiian Food], [Ono Hawaiian Foods] et [Rainbow Drive-In].

Musique: La musique hawaïenne est connue pour son son distinct, qui se distingue par l'utilisation de ukulélés, de guitares en acier et de chants de fausset. Il reflète la beauté naturelle et le riche patrimoine culturel des îles. La musique hawaïenne peut être entendue dans divers lieux et événements à Oahu, notamment le [Waikiki Shell], le [Royal Hawaiian Center] et le [Hawaiian Slack Key Guitar Festival].

Vêtements: Le muumuu, une robe ample, et la chemise aloha, une chemise lumineuse avec un motif floral, sont également des vêtements traditionnels hawaïens.

Ces tenues sont fréquemment portées pour des occasions et des événements spéciaux et incarnent l'attitude décontractée et colorée de la culture hawaïenne.

Géographie et climat d'Oahu

Oahu est la troisième plus grande et la plus peuplée des îles d'Hawaï, avec une superficie de 597 miles carrés (1 546 kilomètres carrés) et une population d'environ un million d'habitants. Oahu est également l'île la plus diversifiée et la plus développée d'Hawaï, avec un mélange de paysages urbains et ruraux, d'attractions naturelles et culturelles et de monuments modernes et historiques.

Oahu a été construite par deux volcans boucliers qui sont entrés en éruption il y a des millions d'années, créant les deux principales chaînes de montagnes de l'île : la chaîne Koolau et la chaîne Waianae. La chaîne de Koolau, qui s'étend le long du côté est ou au vent de l'île, se distingue par des falaises abruptes, des vallées verdoyantes et de nombreuses cascades. La chaîne Waianae, qui s'étend le long du côté ouest ou sous le vent de l'île, se distingue par des plaines arides, des collines vallonnées et des côtes rocheuses. Entre les deux chaînes se trouve un plateau central, qui abrite la majorité du développement agricole et urbain de l'île.

Oahu a un climat tropical avec un temps chaud et ensoleillé toute l'année. L'hiver (de novembre à avril) et l'été (de mai à octobre) sont les deux principales saisons de l'île. Les hivers sont un peu plus froids et plus humides que les étés, avec plus de pluie et des alizés plus forts. L'été est un peu plus chaud et plus sec que l'hiver, avec moins de précipitations et moins d'alizés. La température moyenne d'Oahu varie de 68 à 85 degrés Fahrenheit (20 à 29 degrés Celsius), avec des changements minimes tout au long de l'année. À Oahu, les précipitations annuelles moyennes varient de 20 à 160 pouces (50 à 400 cm), selon l'emplacement et l'altitude. En raison de l'impact orographique des montagnes, le côté au vent de l'île reçoit plus de précipitations que le côté sous le vent. Les zones montagneuses reçoivent le plus de précipitations, tandis que les zones côtières en reçoivent le moins.

Le relief d'Oahu est diversifié et attrayant, avec un large éventail de caractéristiques et de paysages naturels. Plus de 100 plages parsèment l'île, allant du sable blanc au sable noir, du calme au sauvage, et du plus fréquenté au plus isolé. Waikiki Beach, Lanikai Beach, Hanauma Bay et Sunset Beach sont parmi les plages les plus connues d'Oahu. Pearl Harbor, la baie de Kaneohe, les lagons de Ko Olina et la baie de Laie font partie des nombreuses baies, ports, lagons et criques de l'île. Mokolii, Mokulua et Kaena Point font partie des nombreuses îles, îlots et récifs de l'île. Diamond Head, Koko Head et Kaala font partie des volcans, cratères et crêtes de l'île. La vallée de Waimea, le jardin botanique de Ho'omaluhia et le ranch Kualoa font partie des bois, parcs et jardins de l'île.

Festivals et événements à Oahu

Le tournoi sur invitation Eddie Aikau Big Wave: Ce célèbre tournoi de surf porte le nom du grand sauveteur et surfeur hawaïen Eddie Aikau, décédé en 1978 alors qu'il tentait de sauver ses coéquipiers sur un canoë en voyage. L'événement a lieu dans la baie de Waimea, sur la côte nord d'Oahu, où les vagues peuvent dépasser 15 mètres de hauteur. L'événement n'a lieu que lorsque les conditions sont favorables, ce qui signifie qu'il peut avoir lieu à tout moment entre décembre et février. L'événement attire les plus grands surfeurs de grandes vagues du monde, qui s'affrontent pour l'honneur et la gloire de surfer sur les vagues massives. L'événement peut être vu en direct sur la plage ou en ligne.

Le Sony Open à Hawaï: Le Sony Open est un événement de golf expérimenté du PGA Tour. Le tournoi se déroule au Waialae Country Club d'Honolulu, où les golfeurs s'affrontent sur un parcours magnifique et difficile. L'événement a lieu en janvier et attire certains des meilleurs joueurs du monde, dont Justin Thomas, Colleen Morikawa et Hideki Matsuyama. L'événement profite également à des œuvres caritatives locales telles que Friends of Hawaii Charities.

La célébration d'Honolulu: Il s'agit d'une célébration culturelle qui célèbre la variété et la paix des peuples et des cultures du Pacifique. Le festival, qui a lieu en mars, comprend une variété d'événements et d'activités tels que des défilés, des spectacles, des expositions, des séminaires et des feux d'artifice. L'événement présente de la musique, de la danse, de l'art et de la cuisine d'Hawaï, du Japon, de Chine, de Corée, de Taiwan et des Philippines, entre autres. L'événement diffuse également les principes d'aloha, de paix et de convivialité dans le monde entier.

La célébration de la Journée Lei: Il s'agit d'un rituel hawaïen honorant le lei, une guirlande florale qui représente l'amour, le respect et l'hospitalité. Le festival a lieu le 1er mai, également connu sous le nom de Lei Day à Hawaï.

Le festival comprend une variété d'événements et d'activités, notamment des concours de fabrication de colliers, des démonstrations, de l'artisanat, de la cuisine, de la musique et du hula.

La Reine Lei et sa cour, qui incarnent la beauté et l'élégance d'Hawaï, sont également couronnées lors du festival.

La procession florale du monarque Kamehameha: Il s'agit d'une procession historique commémorant la vie et les réalisations du roi Kamehameha Ier, premier monarque d'Hawaï qui a unifié les îles sous sa domination. Le défilé a lieu en juin et comprend des chars colorés, des fanfares, des cavalières (des femmes à cheval vêtues de jupes longues et de colliers) et du hula halau (écoles de hula).

La procession commence au palais Iolani, la maison royale historique, et se termine au parc Kapiolani, qui abrite un monument au roi Kamehameha.

L'événement Prince Lot Hula: Il s'agit du plus grand événement de hula non compétitif d'Hawaï, en l'honneur du prince Lot Kapuiwa, qui régnait sous le nom de roi Kamehameha V et qui est reconnu pour avoir revitalisé le hula au XIXe siècle. L'événement a lieu en juillet et rassemble des centaines de danseurs et musiciens de hula exécutant des styles de hula anciens et modernes. De l'artisanat, de la nourriture et des jeux hawaïens sont également disponibles lors de la célébration. L'événement a lieu dans les jardins de Moanalua, un bel endroit qui était auparavant la maison du prince Lot.

La fête Aloha: Il s'agit du plus grand événement culturel d'Hawaï, mettant en valeur l'esprit Aloha et la culture hawaïenne. L'investiture de la cour royale, la cérémonie d'ouverture, la Waikiki Hoolaulea (fête de quartier), la parade florale et la Hoolaulea sur la plage font tous partie du festival qui a lieu en septembre.

La musique, la danse, l'art et la cuisine d'Hawaï et d'autres îles polynésiennes sont également inclus lors de l'événement.

L'événement gastronomique et œnologique hawaïen: Il s'agit d'un événement gastronomique qui rend hommage à la gastronomie et à la culture d'Hawaï et de la région du Pacifique. L'événement, qui a lieu en octobre, rassemble plus de 100 chefs, célébrités culinaires, producteurs de vins et de spiritueux et agriculteurs qui créent des plats et des boissons délicieux en utilisant des ressources locales et durables. Divers événements et activités, tels que des dégustations, des banquets, des conférences et des concours, font également partie du festival. De plus, l'événement promeut l'agriculture locale, l'éducation et la durabilité.

Chapitre 3 : Les principales attractions d'Oahu

Waikiki Beach

La plage de Waikiki, située au sud d'Oahu, à Hawaï, est l'une des plages les plus renommées et les plus populaires au monde. Il possède une longue étendue de sable blanc et une mer turquoise où les touristes peuvent nager, surfer, faire de la plongée avec tuba et participer à d'autres sports aquatiques.

Waikiki Beach est également un centre culturel et historique, où les visiteurs découvrent la royauté hawaïenne, les légendes du surf et les événements de la Seconde Guerre mondiale sur l'île. Waikiki Beach est entourée d'hôtels, de restaurants, de magasins et de lieux de divertissement, ce qui en fait une destination touristique et locale très fréquentée et dynamique.

Certaines des caractéristiques de Waikiki Beach incluent :

La statue du duc Kahanamoku: Il s'agit d'une statue en bronze du duc Kahanamoku, l'athlète et surfeur hawaïen qui a popularisé le surf et remporté cinq médailles d'or olympiques. La statue se trouve dans la partie Kuhio Beach de la plage de Waikiki et est fréquemment ornée de lei (guirlandes de fleurs) par les visiteurs. Le monument représente l'attitude aloha et la culture du surf d'Hawaï.

L'Aquarium de Waikiki: Deuxième plus ancien aquarium des États-Unis, il abrite plus de 3 000 espèces marines telles que des poissons, des coraux, des requins, des tortues et des phoques. L'aquarium est situé dans le secteur Queen's Beach de Waikiki Beach et propose des expositions et des événements éducatifs et interactifs pour les visiteurs de tous âges. L'aquarium sert également d'installation de recherche et de conservation et participe à divers programmes visant à sauvegarder et restaurer l'environnement marin.

Cratère à tête de diamant: Ce cône volcanique s'élève au-dessus de l'extrémité est de la plage de Waikiki et offre une vue panoramique sur l'océan, la ville et le littoral. Le

cratère est un monument d'État et un monument naturel national, doté d'un patrimoine militaire et culturel. Les visiteurs peuvent se rendre au sommet du cratère, qui se trouve à environ 2,6 km de distance, et voir les bunkers historiques, l'artillerie et le phare.
La randonnée est quelque peu raide et difficile, et il faut boire de la crème solaire et une lampe de poche.

L'Hôtel Royal Hawaïen: Le "Pink Palace of the Pacific" est un hôtel célèbre et élégant érigé en 1927. L'hôtel, situé sur Waikiki Beach Walk, présente un design mauresque distinct, une palette de couleurs roses et une cocoteraie. L'hôtel est un monument historique national et a accueilli plusieurs célébrités, hommes d'État et monarques au fil des ans.

L'hôtel dispose de magnifiques chambres et suites, d'excellents restaurants et bars, d'un spa et d'une piscine et est situé sur la plage.

L'attaque de Pearl Harbor

Pearl Harbor est un monument historique et culturel qui permet aux visiteurs de découvrir les événements et les personnages qui ont marqué l'histoire d'Hawaï et des États-Unis. Les visiteurs peuvent voir les restes des navires coulés, des mémoriaux et des musées qui commémorent et honorent les victimes de l'attaque surprise du 7 décembre 1941 par les forces japonaises qui a tué plus de 2 400 Américains et incité les États-Unis à entrer dans la Seconde Guerre mondiale.

Pearl Harbor est également une installation militaire et un port naturel, où les touristes peuvent observer les navires et les sous-marins de la flotte américaine du Pacifique, ainsi que la vie marine des mers hawaïennes. Pearl Harbor, près d'Honolulu sur l'île d'Oahu, est accessible au public tous les jours sauf Thanksgiving, Noël et le Nouvel An.

Couronne de diamant

Diamond Head est un élément bien connu de l'île hawaïenne d'Oahu. Il s'agit d'un cône volcanique produit par une éruption il y a environ 300 000 ans. Il mesure 761 pieds (232 mètres) de haut et a une circonférence de 3,5 miles (5,6 kilomètres). En hawaïen, il est également connu sous le nom de Lahi, qui signifie « front du thon ».

Diamond Head est un site touristique et local populaire, avec des randonnées jusqu'au sommet offrant une vue panoramique sur l'océan, la ville et le littoral. Le trajet aller-retour dure environ 2,6 km et prend environ 1,5 à 2 heures. Le chemin est bien balisé et pavé, bien qu'il soit raide et inégal, avec plusieurs marches et tunnels le long du chemin. Pour la randonnée, les visiteurs doivent apporter une boisson, de la crème solaire et une lampe de poche. Ils doivent également payer des frais d'entrée nominaux pour entrer dans le parc.

Diamond Head a une longue histoire militaire et culturelle. Les anciens Hawaïens l'utilisaient comme point d'observation et l'armée américaine l'utilisait comme forteresse pendant la Seconde Guerre mondiale, avec un phare, une station radar et de nombreux bunkers et artillerie sur ses pentes. C'est également une icône de la culture du surf à Hawaï et a été utilisé comme toile de fond pour de nombreux films et séries télévisées.

Baie de Hanauma

Hanauma Bay est une beauté naturelle et une réserve marine sur la côte est d'Oahu. Il s'agit d'un port en forme de croissant produit par une explosion volcanique il y a environ 32 000 ans. Il abrite des centaines de types différents de poissons et de coraux colorés, ainsi que des tortues de mer, des dauphins et des baleines. La baie de Hanauma est un lieu populaire pour la plongée en apnée, la natation et la plage.

Il sert également de centre d'apprentissage sur l'histoire et la protection de l'environnement maritime.

Certaines des caractéristiques de Hanauma Bay incluent :

Réserve naturelle de la baie de Hanauma: C'est la principale attraction de la baie de Hanauma, où les touristes peuvent faire de la plongée avec tuba et nager dans des eaux propres et peu profondes. La réserve naturelle est séparée en deux sections : le récif intérieur, plus proche de la côte et adapté aux débutants, et le récif extérieur, plus éloigné du rivage et adapté aux plongeurs experts. Les visiteurs peuvent observer des poissons-papillons, des poissons-anges, des poissons-perroquets, des poissons-chirurgiens et des coraux staghorn, entre autres poissons et coraux. Les tortues marines, qui viennent fréquemment sur la côte pour se reposer et se nourrir, peuvent également être aperçues par les visiteurs. Avant d'accéder à la baie, les visiteurs doivent payer des frais d'entrée nominaux et visionner un film informatif nécessaire.

Ils doivent également louer ou transporter leur équipement de plongée en apnée, qui comprend un masque, un tuba et des palmes. Ils doivent également respecter les lois et réglementations de la baie, comme ne pas toucher ou nourrir les créatures aquatiques, ne pas marcher sur le corail et ne pas jeter de détritus.

Le centre éducatif de Hanauma Bay: Cette institution propose des informations et des activités sur la baie et ses initiatives de conservation.

Les visiteurs peuvent en apprendre davantage sur la géologie, l'écologie et l'histoire de la baie de Hanauma, ainsi que sur les difficultés et les solutions pour préserver sa beauté et sa variété. Des expositions, des présentations et des films sur la baie et sa vie marine sont également proposés aux visiteurs. Pour les clients de tous âges, le centre éducatif propose également des visites guidées, des conférences et des activités.

Parc de la plage de la baie de Hanauma: Il s'agit d'un parc qui offre aux gens des installations et des commodités pour profiter de la plage et de l'eau. Dans le parc, les visiteurs peuvent découvrir des salles de bains, des douches, des tables de pique-nique et des sauveteurs. Les visiteurs peuvent également acheter des collations et des boissons au stand de concession ou apporter leur pique-nique.

Pour plus de confort et d'ombre, les visiteurs peuvent louer ou apporter leurs chaises de plage, parasols ou cabanes. Les visiteurs peuvent également faire de la randonnée, du vélo ou observer les oiseaux le long des sentiers et des promenades du parc.

La Côte-Nord

La Côte-Nord est un endroit sur l'île hawaïenne d'Oahu connu pour son surf, ses plages et sa faune. C'est un endroit rural et magnifique qui permet aux touristes de découvrir le côté aventureux et authentique d'Hawaï.

La section de 17 milles du littoral d'Oahu orientée au nord, entre Ka'ena Point à l'ouest et Kahuku Point à l'est, est connue sous le nom de Côte-Nord.

Elle possède certains des meilleurs spots de surf au monde, ainsi que certaines des plages les plus belles et les plus variées de l'île. La Côte-Nord est également une zone où les touristes peuvent observer l'histoire naturelle et culturelle d'Hawaï, notamment les animaux, l'agriculture et les lieux religieux.

Les touristes de la Côte-Nord peuvent profiter des attraits et activités suivants :

Surfant: La Côte-Nord est célèbre pour ses vagues hivernales, qui peuvent dépasser 9 mètres de hauteur et attirer les plus grands surfeurs et spectateurs du monde. Waimea Bay, Banzai Pipeline et Sunset Beach comptent parmi les plages de surf les plus connues de la Côte-Nord.

Les visiteurs peuvent soit observer les surfeurs, soit les rejoindre s'ils sont suffisamment expérimentés et audacieux.

Les vagues s'atténuent en été et deviennent plus adaptées aux débutants en natation.

Des plages: La Côte-Nord compte plus de 50 plages, chacune avec sa personnalité et son charme. Les plages de Malaekahana, Hukilau, Laniakea et Ehukai sont parmi les plages les plus populaires et les plus pittoresques de la Côte-Nord. Sur les plages, les visiteurs peuvent nager, faire de la plongée avec tuba, bronzer ou pique-niquer, ou faire de la randonnée, du vélo ou observer les oiseaux le long des sentiers et des promenades qui les entourent. Les visiteurs peuvent également observer des tortues de mer, qui viennent fréquemment se reposer et dîner sur la plage.

Faune: La Côte-Nord abrite plusieurs espèces indigènes et menacées, notamment le phoque moine d'Hawaï, la tortue de mer verte d'Hawaï, la chauve-souris cendrée d'Hawaï et l'albatros de Laysan. Les visiteurs peuvent observer des animaux dans divers lieux et attractions de la Côte-Nord, notamment le refuge animalier national James Campbell, la vallée de Waimea et le Turtle Bay Resort. Pour une expérience plus palpitante et plus rapprochée, les visiteurs peuvent également participer à une croisière d'observation des baleines, à une rencontre avec des dauphins ou à une plongée en cage avec les requins.

Fermes et ranchs: Les touristes de la Côte-Nord peuvent également découvrir le côté agricole et de l'élevage d'Hawaï, comme les fermes d'ananas, les plantations de café et les ranchs en activité.

Les fermes et ranchs de la Côte-Nord à visiter comprennent la plantation Dole, les fermes Kahuku et le ranch Gunstock. Les visiteurs peuvent également faire une visite de la ferme, une promenade en chariot, une promenade à cheval ou une plantation d'arbres pour en apprendre davantage sur l'histoire et les produits des fermes et des ranchs.

Culture et Histoire: La Côte-Nord est également une destination où les touristes peuvent en apprendre davantage sur l'histoire et la culture d'Hawaï et de la Polynésie, notamment sur les anciens Hawaïens, les missionnaires, les ouvriers des plantations et les surfeurs. Le centre culturel polynésien, le temple de Laie Hawaii, la ville de Haleiwa et le moulin à sucre de Waialua font partie des monuments et attractions culturels et historiques de la côte nord.

Les visiteurs peuvent également assister à un spectacle de hula, un spectacle de feu ou un luau et goûter à la musique, à la danse et à la cuisine polynésiennes.

La plage de Kailua à Hawaï

Kailua Beach est une plage charmante et populaire sur la côte est d'Oahu. C'est une section de la baie de Kailua avec un océan turquoise, une plage blanche et de douces vagues. La natation, le surf, le paddleboard et le kayak sont tous des sports nautiques populaires sur la plage de Kailua. Les visiteurs peuvent également admirer le paysage de l'océan et des îles adjacentes comme Mokulua et Popoia.

Kailua Beach dispose également d'équipements tels que des salles de bains, des douches, des tables de pique-nique et des sauveteurs. La plage de Kailua se trouve à quelques minutes en voiture ou à pied de la ville pittoresque de Kailua, qui propose des restaurants, des boutiques et des activités pour les visiteurs.

Institut Culturel Polynésien

Le Centre culturel polynésien est une attraction familiale qui présente la musique, la danse et la culture de six nations insulaires du Pacifique : Hawaï, Fidji, Aotearoa (Nouvelle-Zélande), Samoa, Tahiti et Tonga. Les visiteurs peuvent visiter les six colonies insulaires et interagir avec les insulaires autochtones, assister à des spectacles en direct et participer à des activités pratiques. Une procession en canoë, un luau et un spectacle nocturne sont proposés aux visiteurs. Le Centre Culturel Polynésien est ouvert à partir de minuit sur la côte nord d'Oahu. à 21h00 Du lundi au samedi.

Les villages insulaires: La particularité majeure du Centre Culturel Polynésien réside dans les villages insulaires, où les visiteurs peuvent découvrir la diversité et la profondeur des civilisations polynésiennes.

Chaque village a son thème et son ensemble d'éléments, tels que :

Hawaii: Le village d'Hawaï met en valeur l'histoire et les coutumes hawaïennes telles que les jeux anciens, la danse hula et la création de lei. De plus, les visiteurs peuvent assister à une reproduction d'un temple hawaïen traditionnel et en apprendre davantage sur la culture et la religion hawaïennes.

Fidji: Le village des Fidji présente l'architecture et l'artisanat fidjiens tels que la bure (maison au toit de chaume), le tapa (tissu d'écorce) et le magimagi (fibre de coco). Les visiteurs peuvent également assister à un spectacle de création (chant et danse) et en apprendre davantage sur la culture et les croyances fidjiennes.

Nouvelle-Zélande: Le village d'Aotearoa présente l'art et les capacités maoris tels que le whare (maison de réunion), le ta moko (tatouage) et le poi (balle sur une corde). Les visiteurs peuvent également assister à un spectacle de haka (danse de guerre) et découvrir les contes et traditions maoris.

Samoa: Le village samoan représente la culture et la comédie samoanes, comme le fale (maison ouverte), l'umu (four en terre) et le fa'a fafine (travestissement). Les visiteurs peuvent également assister à une démonstration de danse au couteau de feu et en apprendre davantage sur la famille et la société samoanes.

Tahiti: Le village de Tahiti affiche la beauté et le romantisme du peuple tahitien, notamment le fare (maison en bambou), le paréo (sarong) et le monoï (huile de coco).

Les visiteurs peuvent également assister à un spectacle d'otea (danse du tambour) et en apprendre davantage sur l'amour et le mariage tahitiens.

Arrivé: Le village tongien présente de la musique et des divertissements tongans, tels que le file (rotonde), le ngatu (tissu tapa) et le Lali (tambour en bois). Les visiteurs peuvent également assister à un spectacle de lakalaka (danse de groupe) et en apprendre davantage sur la royauté et la hiérarchie tonganes.

La parade des canoës: Évènement quotidien, la parade des canoës se déroule sur le lagon qui serpente devant le Centre Culturel Polynésien. Les chars colorés, les costumes et la musique de chacune des six nations insulaires sont inclus dans la procession en canoë. Les visiteurs peuvent découvrir le spectacle et l'atmosphère de la Polynésie en assistant au cortège de pirogues depuis les ponts ou le bord du lagon.

Le Luau: Un luau est une fête et un festival traditionnel hawaïen où les invités peuvent goûter à la cuisine et aux divertissements hawaïens. Le luau comprend un buffet de cuisine hawaïenne, comprenant du cochon kalua, du poi, du poisson lomi lomi et du haupia. Il y aura également de la musique live, de la danse hula et de la danse au couteau de feu au luau. Les visiteurs sont invités à assister au luau sur le site Ali'i Luau, niché dans un jardin tropical et doté d'une scène et d'une cascade.

Le spectacle du soir: Le spectacle du soir constitue le final spectaculaire du Centre Culturel Polynésien, où les invités pourront découvrir la force et la beauté de la Polynésie. Le spectacle nocturne s'intitule « H : Breath of Life » et présente plus de 100 artistes polynésiens dans une démonstration époustouflante et émouvante de feu, de musique et de danse. Le récit de Mana, un jeune enfant polynésien qui grandit pour devenir un guerrier et un leader, est raconté lors du spectacle du soir. La représentation nocturne a lieu au Pacific Theatre, un vaste amphithéâtre à ciel ouvert.

Le palais Iolani

Seul palais royal sur le territoire américain, le palais Iolani est un symbole de la liberté hawaïenne. De 1882 à 1893, il servit de palais royal aux derniers monarques au pouvoir du royaume d'Hawaï, le roi Kalakaua et sa sœur la reine Liliuokalani. Le palais a été construit dans le style florentin américain et comprenait un grand escalier, une chambre royale, une salle de banquet et une bibliothèque.

Le palais comprenait également des commodités contemporaines, notamment l'électricité, le téléphone et la plomberie intérieure.

Le palais a été le théâtre de plusieurs événements historiques, notamment le couronnement du roi Kalakaua, la célébration de la première constitution d'Hawaï et le renversement de la monarchie par un groupe de marchands et de missionnaires américains. Après avoir tenté de rétablir la constitution hawaïenne, la reine Liliuokalani fut emprisonnée dans le palais pendant huit mois. Pendant son confinement, elle a écrit des chansons et cousu une courtepointe.

Le palais est aujourd'hui un musée présentant l'histoire et la culture royales d'Hawaï. Les visiteurs peuvent profiter de visites guidées des chambres du palais et admirer les meubles, tableaux et antiquités de la royauté hawaïenne d'origine.

Dans la galerie souterraine, ils pourront également voir les joyaux de la couronne, les ordres royaux et les biens personnels des monarques. Un lieu de sépulture sacré, une caserne en blocs de corail et une statue du roi Kamehameha I peuvent tous être vus sur le terrain royal.

Plantation de Dole

Dole Plantation est une destination touristique de premier plan qui propose une gamme d'activités et d'attractions liées à l'ananas, notamment la visite en train Pineapple Express, la visite du jardin de la plantation et le labyrinthe du jardin d'ananas. Dole Soft Serve, la boutique de campagne des plantations et des excursions dans les plantations sont tous disponibles.

Dole Plantation a commencé comme magasin de fruits en 1950 par James Dole, connu comme le « roi de l'ananas » pour son rôle dans le développement de l'industrie de l'ananas à Hawaï. La plantation s'est développée au fil du temps pour devenir l'un des plus grands producteurs d'ananas au monde. La ferme a également contribué à la Seconde Guerre mondiale en fournissant des ananas en conserve aux troupes américaines.

Dole Plantation est une excellente destination pour en apprendre davantage sur l'histoire et la culture hawaïennes, ainsi que sur la culture et la transformation de l'ananas. Vous pouvez observer comment les ananas sont produits, récoltés et emballés, et vous pouvez même choisir votre ananas frais dans les champs.

Vous pouvez également visiter le plus grand labyrinthe du monde, qui s'étend sur trois acres et comprend plus de trois kilomètres de sentiers. Le labyrinthe est en forme d'ananas et comporte huit stations cachées que vous devez découvrir.

Retour Ranch

Kualoa Ranch est une réserve naturelle privée de 4 000 acres et un ranch de bétail en activité qui propose des visites et des activités aux clients intéressés à découvrir la beauté et la diversité d'Oahu. Le ranch est situé sur la côte au vent d'Oahu, à environ 24 milles d'Honolulu et 32 milles de Haleiwa. Le ranch est divisé en trois vallées, chacune avec ses charmes et caractéristiques uniques : la vallée de Ka'a'awa, la vallée de Kualoa et la vallée de Hakipuu.

Kualoa Ranch est également connu pour avoir été le décor de plusieurs films et séries télévisées hollywoodiens, notamment Jurassic Park, Godzilla, Lost, Hawaii Five-o et Jumanji.

Vous pouvez faire une visite cinématographique et voir les décors et accessoires utilisés dans ces projets, ainsi que découvrir l'histoire et la culture du ranch et de l'île. Les autres activités incluent l'équitation, le VTT, la tyrolienne, le kayak et bien plus encore.

Kualoa Ranch est une destination où vous pourrez vous immerger dans la beauté naturelle et l'aventure d'Oahu, ainsi que découvrir sa riche histoire et son héritage. Au Kualoa Ranch, vous trouverez tout ce qui correspond à vos goûts et à vos envies, que vous recherchiez une rencontre paisible ou exaltante.

Chapitre 4 : Les joyaux cachés d'Oahu

Chutes de Manoa

Manoa Falls est une cascade de 150 pieds à Honolulu, à Hawaï, située le long du sentier des chutes de Manoa. C'est l'une des cascades les plus accessibles et les plus spectaculaires d'Oahu, avec une randonnée de 1,5 mile depuis le début du sentier.

L'itinéraire est bien balisé et pavé de graviers et de petits rochers, mais il peut devenir boueux et dangereux après la pluie. L'itinéraire serpente à travers une magnifique jungle, avec des bambous, des fougères et des fleurs tropicales, ainsi que des oiseaux et des insectes. Le chemin offre également des vues sur la vallée et les montagnes.

La cascade est la récompense du sentier, où vous pourrez vous émerveiller par sa beauté et sa force. Entourée de rochers et de plantes, la cascade se jette dans un petit bassin d'eau. La baignade n'est pas autorisée dans la piscine car elle est peu profonde, rocheuse et polluée par la leptospirose, une maladie bactérienne. La cascade est également sujette à des crues soudaines, alors prenez des précautions et évitez de grimper sur les rochers ou de traverser le ruisseau.

Manoa Falls est un secret bien gardé qui offre un répit rafraîchissant et apaisant loin de la ville. C'est un site formidable pour explorer la nature, prendre des photos et découvrir l'histoire et le folklore de la région.

On dit que la vallée de Manoa est la patrie des Menehune, une race de gens petits et espiègles qui construisaient des barrages et des étangs à poissons. C'est également là que Maui, le demi-dieu, a rencontré et épousé son épouse, Laula.

quartier chinois

Chinatown est un quartier animé et historique du centre-ville d'Honolulu où vous pourrez découvrir la culture et les traditions sino-américaines d'Oahu. Le quartier est l'un des plus anciens quartiers chinois des États-Unis, remontant au XIXe siècle, lorsque les immigrants chinois sont arrivés pour travailler dans les plantations de canne à sucre et se sont finalement établis comme marchands et négociants.

La région a résisté aux incendies, aux épidémies et aux guerres pour devenir une communauté dynamique et diversifiée.

Chinatown est une destination fantastique pour explorer, faire du shopping et dîner car il propose un large éventail d'attractions et d'activités. Les marchés et les magasins vendant des produits frais, des herbes, du thé et des souvenirs, tels que le marché d'Oahu, le marché de Maunakea et le marché de la tour Aloha, peuvent être visités. De nombreux restaurants et cafés, tels que Lucky Belly, The Pig and the Lady et Ba-Le Sandwich & Vietnamien Food, servent de délicieux et authentiques plats chinois et asiatiques, tels que des dim sum, du pho et des ramen.

Chinatown est également un centre d'art et de divertissement, avec plusieurs galeries, théâtres et festivals. Le musée d'art de l'État d'Hawaï, le musée d'art d'Honolulu et la galerie Andrew Rose présentent tous des œuvres d'artistes locaux et internationaux.

Le Hawaii Theatre, le Kumu Kahua Theatre et le Rock-A-Hula Show proposent également des spectacles et des spectacles. Vous pouvez également participer à la marche artistique du premier vendredi, à la célébration du Nouvel An chinois et au festival d'Honolulu.

Chinatown est un trésor caché qui offre une expérience unique et inoubliable à Oahu. C'est un endroit où vous pourrez en apprendre davantage sur l'histoire et la culture d'Hawaï, ainsi que sur la diversité et l'inventivité de sa population.

Temple Byodo-In

Le temple Byodo-In est un temple bouddhiste tranquille et magnifique situé à Kaneohe, dans le parc commémoratif de la Vallée des Temples d'Oahu. Il s'agit d'une copie du temple Byodo-In, site classé au patrimoine mondial de l'UNESCO, vieux de 900 ans, à Uji, au Japon. Le temple a été construit en 1968 pour célébrer le 100e anniversaire de l'arrivée des premiers immigrants japonais à Hawaï.

Le temple est non confessionnel et accueille des visiteurs et des méditants de toutes religions et origines.

Un panorama serein de montagnes, d'étangs et de jardins entoure le sanctuaire. Le temple lui-même est une œuvre d'art, avec une finition en laque rouge, un toit incurvé et un phénix doré à chaque extrémité. Le temple contient une statue en or et laque de 9 pieds de haut du Bouddha Amida, le Bouddha de la Lumière et de la Vie Infinies. Masuzo Inui, un artiste japonais bien connu, a réalisé la statue.

Les autres sites et activités sur le terrain du temple comprennent une grande cloche, un pavillon de méditation, un salon de thé et une boutique de cadeaux. La cloche en laiton de 5,5 tonnes, censée favoriser le plaisir et la longévité, peut être sonnée par les visiteurs.

Ils peuvent également fournir de la nourriture aux poissons koi et aux cygnes noirs de l'étang.

Ils peuvent également apprécier les fleurs aromatiques et l'atmosphère tranquille des jardins.

Le temple Byodo-In est un joyau caché qui donne un aperçu de la culture et de la spiritualité japonaise d'Oahu. C'est un endroit pour se détendre et rafraîchir son corps et son esprit. En utilisant les résultats de recherche en ligne, vous pouvez obtenir des informations supplémentaires et des avis sur le temple Byodo-In. N'oubliez pas de garder à l'esprit les exigences de sécurité et de respecter le temple et ses invités.

Vue sur la véranda

Lanai Vantage est un point de vue magnifique et unique en son genre sur la côte sud-est d'Oahu, juste à côté de l'autoroute Kalanianaole. Avec le point de vue de Makapuu et le point de vue de Halona Blowhole, c'est l'un des trois principaux points de vue en bordure de route le long de cette longueur de littoral.

Il y a un petit parking construit dans la falaise au point de vue où vous pouvez vous arrêter et profiter de la vue sur l'océan, les îles et les falaises.

Lanai Lookout doit son nom à l'île de Lanai, que l'on peut voir d'ici, ainsi qu'à Molokai et Maui par temps clair. Le point de vue offre également une vue sur les roches stratifiées sculptées par les vagues au fil du temps. Les nombreuses teintes et textures des roches se détachent sur le bleu de l'océan et la flore verte. Les crabes, les poissons et autres espèces marines vivent dans les trous et les crevasses des rochers.

Lanai Lookout est un joyau caché qui offre une expérience étonnante et unique à Oahu. C'est un endroit formidable pour prendre des photos, regarder le lever ou le coucher du soleil, ou simplement se détendre et admirer la beauté de la nature. En utilisant les résultats de recherche en ligne, vous pouvez obtenir des informations supplémentaires et des avis sur Lanai Lookout. Pensez simplement à respecter le point de vue et ses visiteurs en respectant les consignes de sécurité.

Point de vantardise

Kaena Point est le point le plus à l'ouest d'Oahu, où la terre rencontre l'eau dans un spectacle naturel époustouflant. La pointe est une réserve naturelle où la flore et la faune indigènes telles que l'albatros de Laysan, les phoques moines d'Hawaï et les abeilles à face jaune sont protégées. Dans la mythologie hawaïenne, ce point est également un lieu sacré où les esprits des défunts partent pour l'au-delà.

Une randonnée depuis la rive nord ou sud de l'île le long d'une promenade de 3,5 miles qui suit les anciennes voies ferrées vous mènera à Kaena Point. La promenade offre une vue imprenable sur le littoral, les montagnes et l'océan. Les randonneurs peuvent rencontrer des animaux tels que des mouettes, des phoques et des baleines tout au long du voyage. L'itinéraire traverse également une clôture à l'épreuve des prédateurs qui entoure la zone de reproduction des albatros, où les visiteurs peuvent se rapprocher de ces oiseaux exquis.

Kaena Point est un trésor caché qui offre une expérience gratifiante et unique à Oahu. C'est un site où vous pourrez découvrir la beauté et la diversité de l'île, ainsi que son histoire et sa culture. En utilisant les résultats de recherche en ligne, vous pouvez obtenir des informations supplémentaires et des avis sur Kaena Point.

Plage de Makaha

Makaha Beach est une plage de sable blanc sur la côte ouest d'Oahu, populaire pour le surf et la plongée en apnée. La plage possède un front de mer long et large, une pente douce et une eau cristalline. Les montagnes Waianae offrent un cadre pittoresque à la plage.

Makaha Beach est l'un des plus grands sites de surf de l'île, particulièrement en hiver, lorsque les vagues peuvent atteindre 25 pieds.

Plusieurs tournois et événements de surf sont organisés sur la plage, notamment le Buffalo Big Board Classic et les Rell Sunn Menehune Surfing Championships. La plage attire également un grand nombre de surfeurs locaux et professionnels, comme Buffalo Keaulana, Rell Sunn et Sunny Garcia.

La plage de Makaha est également un excellent site de plongée en apnée, particulièrement en été, lorsque l'eau est calme et la visibilité élevée. Un récif de corail s'étend de la plage jusqu'à environ 100 mètres au large, où vous pourrez observer une variété de poissons, de tortues, de raies et d'anguilles. La plage contient également une grotte où l'on peut trouver un banc de taape, ou vivaneau à rayures bleues, qui ne sont pas endémiques à Hawaï.

La grotte se trouve à environ 300 mètres au large et à 40 pieds de profondeur, et elle ne peut être atteinte que par des plongeurs expérimentés.

Makaha Beach est un trésor caché qui offre une expérience amusante et aventureuse à Oahu. C'est une destination où vous pourrez profiter du soleil, de la plage et du surf, ainsi que des animaux et de la culture de l'île. En utilisant les résultats de recherche en ligne, vous pouvez obtenir des informations supplémentaires et des avis sur la plage de Makaha. N'oubliez pas d'obéir à toutes les précautions de sécurité et de respecter la plage et ses clients.

Shangri-La Museum

À Honolulu, Oahu, le musée Shangri La présente les cultures mondiales de l'art et du design islamiques. Doris Duke, riche héritière américaine et philanthrope, a créé le musée en 1937 pour y abriter et exposer sa collection d'art islamique, qui comprenait plus de 4 500 artefacts provenant de divers lieux et périodes. Le musée a ouvert ses portes au public en 2002 et a depuis grandi et évolué.

À travers des expositions, des projets numériques et éducatifs, des visites et activités publiques et des collaborations communautaires, le musée Shangri La offre une introduction unique et inoubliable à l'art, à la culture et au design islamiques. Des céramiques, des textiles, des métaux, des bijoux et des meubles, ainsi que des éléments architecturaux comme des carreaux, des portes, des fenêtres et des fontaines, sont exposés dans le musée. Le musée accueille également des artistes internationaux, des producteurs culturels et des leaders d'opinion dans son programme de résidence immersif, qui stimule le nouveau travail, l'interaction et la conversation.

Le musée Shangri La est un joyau caché qui sensibilise le public et sensibilise le public à l'art et au design des civilisations islamiques, ainsi qu'à leurs liens et contributions avec le monde.

Le musée est construit dans un environnement magnifique, entouré de montagnes, d'océan et de jardins. Le musée est accessible uniquement sur réservation auprès du Honolulu Museum of Art, du jeudi au samedi.

Désolé Hôtel

L'hôtel Kahala, sur la côte est d'Oahu, est un complexe de luxe célèbre pour sa plage isolée, son lagon avec des dauphins et ses visiteurs célèbres. Le Kahala Hilton a ouvert ses portes en 1964 et a depuis accueilli des présidents, des monarques et des célébrités telles que Frank Sinatra, Elton John et la reine Elizabeth II. L'hôtel dispose de 338 chambres et suites, de cinq restaurants et bars, d'un spa, d'un centre de remise en forme et d'un parcours de golf sur un terrain de 6,5 acres. Le surf, la plongée en apnée, le yoga et les mariages font partie des activités et services disponibles à l'hôtel.

L'hôtel Kahala est l'un des meilleurs lieux pour découvrir l'élégance et l'hospitalité d'Oahu, ainsi que la beauté et la variété de l'île. L'hôtel dispose d'un lagon avec des dauphins où les clients peuvent interagir et regarder les

sympathiques dauphins se produire et jouer.
L'hôtel dispose également de sa plage privée où
les clients peuvent se détendre et profiter du
soleil, du sable et des vagues, ainsi que de la vue
sur l'océan et les montagnes. L'hôtel propose
également un service de navette vers les sites
voisins comme le cratère Diamond Head, la
plage de Waikiki et le zoo d'Honolulu.

L'hôtel Kahala est un trésor caché qui offre des
vacances remarquables et délicieuses à Oahu.
C'est un endroit où vous pourrez profiter du
confort et de l'élégance de l'hôtel ainsi que de la
culture et de la nature de l'île. En utilisant les
résultats de recherche en ligne, vous pouvez
obtenir des informations supplémentaires et
des avis sur Kahala Hotel. N'oubliez pas de
respecter les normes de sécurité de l'hôtel et de
respecter les clients de l'hôtel.

Chapitre 5 : Les meilleures activités d'Oahu

Surf et Stand Up Paddle

Oahu est le paradis des amateurs de sports nautiques, en particulier pour ceux qui aiment le surf et le stand-up paddle (SUP). Vous découvrirez un poste qui correspond à votre niveau de compétence et à vos préférences, que vous soyez novice ou pro. En glissant sur les vagues, vous pourrez également admirer des vues imprenables sur le littoral, les montagnes et les animaux de l'île.

Parce qu'Oahu est à l'origine du surf moderne, le surf est le passe-temps le plus populaire et le plus célèbre de l'île. La côte nord de l'île abrite certains des meilleurs spots de surf au monde, notamment le Banzai Pipeline, Sunset Beach et Waimea Bay, où vous pourrez observer ou affronter les énormes houles hivernales. Sur la rive sud, vous trouverez également des vagues plus tranquilles et régulières comme Waikiki Beach, Ala Moana Beach Park et Diamond Head Beach Park, où vous pourrez apprendre les bases du surf ou développer vos compétences.

Le stand-up paddle est une autre façon agréable et paisible d'explorer les mers d'Oahu. Selon votre humeur et vos compétences, vous pourrez pagayer dans un lagon tranquille, une rivière pittoresque ou en pleine mer. Pour une expérience différente, essayez le SUP yoga, la pêche en SUP ou le surf en SUP. Sur la Windward Coast, certains des meilleurs sites de SUP à Oahu incluent Lanikai Beach, Kailua Beach et Kualoa Ranch, où vous pourrez pagayer jusqu'aux îles éloignées et profiter de la mer cristalline et de la plage blanche. Sur la côte nord, vous pouvez également visiter le parc de plage de Puaena Point et le parc de plage de Haleiwa, où vous pourrez pagayer le long de la côte et observer les tortues de mer, les dauphins et les baleines.

Vous vivrez une expérience formidable et passionnante à Oahu, que vous choisissiez le surf, le stand-up paddle ou les deux. Il existe également plusieurs endroits pour louer des planches et du matériel, ainsi que pour suivre des cours auprès de professeurs agréables et professionnels. N'oubliez pas d'observer toutes les précautions de sécurité et de respecter la culture et l'environnement locaux.

Plongée sous-marine et snorkeling

Oahu est le lieu de vacances idéal pour les amateurs de plongée en apnée et de plongée sous-marine, avec un large éventail d'activités et de panoramas sous-marins. Explorez les récifs coralliens vibrants, nagez avec des poissons tropicaux, observez de magnifiques tortues de mer et plongez même avec les requins. Que vous soyez novice ou plongeur chevronné, vous découvrirez un lieu de plongée ou de snorkeling adapté à vos intérêts et à votre niveau.

La plongée en apnée est une excellente occasion de découvrir la beauté de la vie marine d'Oahu sans nécessiter d'équipement ni d'instruction particulière. Vous pouvez faire de la plongée avec tuba depuis la plage ou participer à une excursion en bateau qui vous emmènera vers certains des meilleurs sites de plongée en apnée de l'île. Hanauma Bay, une réserve naturelle protégée qui abrite des centaines d'espèces de poissons ; Shark's Cove, une baie rocheuse aux eaux claires et peu profondes, idéale pour la plongée à terre ; et Lanikai Beach, une plage immaculée aux eaux turquoise et aux îles au large sur lesquelles vous pouvez pagayer, sont parmi les sites de plongée en apnée les plus populaires d'Oahu.

La plongée sous-marine est une autre méthode passionnante pour explorer les profondeurs sous-marines d'Oahu.

Vous avez la possibilité de plonger avec un instructeur ou un guide professionnel, ou de louer votre matériel et de partir à l'aventure. Il existe plusieurs sites de plongée parmi lesquels choisir, notamment des épaves, des grottes, des murs et des récifs, chacun avec ses caractéristiques et ses défis distincts. Le YO-257, un navire de la Marine coulé qui abrite de nombreux poissons et requins ; le Water Tiger, un navire de contrebande chinois qui repose à 120 pieds ; et le Corsair, un avion de combat de la Seconde Guerre mondiale tombé à l'eau, comptent parmi les sites de plongée les plus célèbres d'Oahu.

Que vous préfériez la plongée en apnée, la plongée sous-marine ou les deux, votre séjour à Oahu sera unique et exaltant. Il existe plusieurs endroits pour louer ou acheter du matériel de snorkeling et de plongée, ainsi que pour organiser une sortie ou un cours avec un professionnel. Vous pouvez également utiliser Zentacle, un site Web qui vous aide à identifier les meilleurs sites de plongée en apnée et de plongée à Oahu en fonction des notes des utilisateurs et des images. N'oubliez pas de garder à l'esprit les exigences de sécurité et de respecter le milieu aquatique et ses habitants.

Randonnée et vélo

Oahu est une île d'aventure avec des sentiers et des routes pour tous les niveaux de randonnée et d'équitation. Vous trouverez un itinéraire ou un sentier qui répond à vos besoins, que vous souhaitiez apprécier les panoramas pittoresques, vous lancer un défi avec des ascensions difficiles ou rechercher des joyaux cachés.

La randonnée est l'une des meilleures façons d'apprécier la beauté et la diversité naturelles d'Oahu. Des sentiers de randonnée mènent à travers des bois luxuriants, le long de côtes rocheuses et jusqu'aux cratères volcaniques. Tout au long du voyage, vous pourrez observer des cascades, des animaux et des monuments historiques.

Diamond Head Crater Summit Trail, une randonnée modérée offrant une vue panoramique sur Honolulu et l'océan ; Koko Crater Tramway jusqu'à Koko Head Lookout, une randonnée difficile qui consiste à gravir plus de 1 000 marches pour atteindre le sommet d'un cratère ; et le Maunawili Falls Trail, une randonnée modérée qui mène à une cascade et une piscine naturelle, comptent parmi les meilleurs sentiers de randonnée d'Oahu.

Le vélo est une autre façon passionnante et divertissante de découvrir Oahu. Selon votre inclinaison et votre niveau de capacité, vous pouvez rouler sur des routes pavées, des routes de gravier ou des pistes uniques. En faisant du vélo, vous pourrez également découvrir la nature, la culture et l'histoire de l'île.

Tantalus Drive, une boucle difficile qui monte jusqu'à un point de vue offrant une vue imprenable sur la ville et les montagnes ; North Shore Bike Path, un sentier facile qui suit la côte et passe par des plages célèbres, des spots de surf et des food trucks ; et Ka Iwi Scenic Shoreline, un sentier modéré offrant des vues spectaculaires sur l'océan, les falaises et les îles, comptent parmi les meilleurs sentiers de vélo de route d'Oahu.

Vous vivrez une expérience délicieuse et inoubliable à Oahu, que vous choisissiez la randonnée, l'équitation ou les deux. Il existe plusieurs endroits pour louer ou acheter du matériel de randonnée et de vélo, ainsi que pour participer à une visite ou un cours avec un professionnel. Vous pouvez également utiliser AllTrails, un site Web qui vous aide à identifier les meilleurs sentiers de randonnée et pistes cyclables d'Oahu sur la base de cartes, de critiques et d'images soumises par d'autres utilisateurs.

Canoë et kayak

Oahu est une île aventureuse où vous pourrez pagayer dans les eaux turquoise et découvrir le magnifique littoral et les îles. Le kayak et le canoë sont deux des meilleurs moyens d'explorer l'eau et les paysages d'Oahu, ainsi que la culture et l'histoire de l'île. Vous pouvez faire du kayak ou du canoë depuis la plage, ou faire une excursion en bateau vers certains des meilleurs spots de canotage de l'île. Vous pouvez également louer des kayaks et des canoës, tels que des kayaks simples, doubles ou triples et des pirogues à balancier hawaïennes.

Voici quelques-uns des meilleurs endroits pour faire du kayak et du canoë à Oahu :

Baie de Kaneohe: Une baie paisible et pittoresque de 17 milles carrés avec diverses îles au large, dont le banc de sable « Sunken Island » et l'île Chinaman's Hat. Vous pouvez vous rendre sur ces îles en kayak ou en canoë et profiter des options de plongée en apnée, de pêche et d'observation des oiseaux. De plus, vous pourrez observer les récifs coralliens, les tortues de mer et les raies manta de la baie.

Baie de Kailua: Une magnifique baie qui offre un accès facile aux îles Mokulua, communément appelées îles Twin, qui sont des sanctuaires d'oiseaux marins et des sites populaires pour le kayak et le canoë. Pagayez vers ces îles et explorez les plages, les bassins de marée et les lagons cachés. Les tortues de mer vertes, les dauphins à long bec et les baleines à bosse sont tous des visiteurs courants dans la région.

Waikiki Beach: La plage la plus célèbre et la plus fréquentée d'Honolulu, ainsi que le berceau du surf. Faites du kayak ou du canoë sur le rivage pour admirer les toits de la ville, le cratère Diamond Head et l'aquarium de Waikiki. Vous pouvez également participer à un coucher de soleil ou à un feu d'artifice pour profiter de la beauté et du romantisme de la soirée.

Vous vivrez une expérience formidable et mémorable à Oahu, que vous choisissiez le kayak, le canoë ou les deux. Il existe plusieurs endroits pour louer ou acheter du matériel de kayak et de canoë, ainsi que pour planifier une sortie ou un cours avec un professionnel. Vous pouvez également utiliser les résultats de recherche en ligne pour en savoir plus sur le kayak et le canoë à Oahu et lire des critiques à ce sujet. Gardez simplement à l'esprit les consignes de sécurité et respectez l'eau et ses créatures.

Nage avec les dauphins et observation des baleines

Oahu est une île magique où vous pourrez observer de majestueuses baleines à bosse et des dauphins à long bec dans leur habitat naturel. L'observation des baleines et la nage avec les dauphins sont deux des activités les plus populaires et les plus agréables à Oahu, car elles vous permettent d'interagir de près et personnellement avec ces merveilleuses créatures marines. Vous pouvez faire une excursion en bateau ou un charter vers les plus grands sites d'observation des baleines et de nage avec les dauphins de l'île. Il existe des alternatives supplémentaires pour les croisières le matin, l'après-midi ou au coucher du soleil, les voyages individuels ou en groupe et les aventures écologiques ou audacieuses.

De décembre à avril, des centaines de baleines à bosse migrent de l'Alaska vers Hawaï pour s'accoupler, mettre bas et allaiter leurs petits, faisant de l'observation des baleines un sport saisonnier. À distance de sécurité, vous pourrez observer ces gentils géants briser, éclabousser et jaillir, ainsi qu'entendre leurs chœurs enchanteurs avec des hydrophones. Des guides et naturalistes compétents peuvent également vous renseigner sur leur comportement, leur biologie et leur conservation. Dolphin Excursions, Wild Side Specialty Cruises et Ocean Joy Cruises font partie des meilleures croisières d'observation des baleines à Oahu.

La natation avec les dauphins est un passe-temps toute l'année qui vous permet de côtoyer des dauphins sauvages dans l'eau. Vous pouvez plonger ou nager avec les dauphins et constater leurs capacités sociales et acrobatiques. D'autres espèces marines, comme des tortues de mer, des raies et des poissons, peuvent également être observées. Vous pourrez également en apprendre davantage sur les différentes variétés de dauphins, notamment les dauphins à long bec, les grands dauphins, les dauphins tachetés et les dauphins à dents rugueuses, ainsi que sur la façon de respecter leur environnement et leur bien-être.

Ko Olina Ocean Adventures, Dolphin Quest et Dolphins, and You proposent certains des plus grands voyages de nage avec les dauphins à Oahu.

Vous vivrez une expérience spectaculaire et unique à Oahu, que vous choisissiez d'observer les baleines ou de nager avec les dauphins, ou les deux. Vous pouvez planifier ou acheter des excursions d'observation des baleines et de natation avec les dauphins dans divers endroits, ou utiliser les résultats de recherche en ligne pour obtenir des informations et des avis supplémentaires. N'oubliez pas de garder à l'esprit les normes de sécurité et de respecter la faune et son habitat.

Restauration et shopping

Vous trouverez de quoi combler vos appétits et vos besoins, que vous recherchiez de la nourriture locale ou étrangère, des souvenirs ou des objets de créateurs, ou un dîner décontracté ou gastronomique.

Faire du shopping à Oahu est un passe-temps agréable et enrichissant car l'île possède une variété de magasins et de centres commerciaux qui plaisent à différents types et préférences. Vous pouvez acheter des articles hawaïens comme des chemises aloha, des ukulélés, des bijoux et des peintures, ou parcourir les tendances de la mode actuelles du monde entier. Des bonnes affaires et des réductions peuvent également être trouvées dans les points de vente et les marchés aux puces, ou vous pouvez dépenser en produits de luxe dans les boutiques chics et les grands magasins.

Certaines des meilleures destinations shopping d'Oahu comprennent le Waikiki Shopping Plaza, un centre commercial de six étages proposant des vêtements, des bijoux et des cadeaux de créateurs internationaux et hawaïens, ainsi qu'une aire de restauration ; l'International Market Place, une expérience de shopping hawaïenne unique au cœur de Waikiki qui présente des détaillants et des restaurants locaux et internationaux ; et l'Ala Moana Center, le plus grand centre commercial en plein air au monde, avec plus de 350 magasins et restaurants, dont

Manger est un passe-temps délicieux et amusant à Oahu car il propose un large éventail de cuisines et d'aliments qui représentent la diversité et la culture de l'île.

Des plats hawaïens traditionnels tels que le lau lau, le poi et le haupia sont disponibles, tout comme des fusions d'influences asiatiques et américaines telles que le poke, le déjeuner en assiette et la glace pilée. Vous pouvez également goûter aux cuisines de différents pays et régions, notamment des plats japonais, chinois, coréens, thaïlandais, vietnamiens, mexicains et italiens. Vous pouvez également choisir parmi plusieurs décors et atmosphères, notamment côtier, sur le toit, dans le jardin et à l'intérieur.

Uncle's Fish Market & Grill, un restaurant de fruits de mer qui sert du poisson frais provenant de pêcheurs locaux et offre une vue sur Pearl Harbor ; Mililani Restaurant, un restaurant et traiteur hawaïen local spécialisé dans le saimin frit et d'autres plats classiques ; et Ba-Le Sandwich & Vietnamien Food, une sandwicherie qui sert une cuisine vietnamienne authentique, comme du pho, du banh mi et des rouleaux de printemps, sont parmi les meilleurs restaurants d'Oahu.

Vous passerez une journée agréable et mémorable à Oahu, que vous choisissiez du shopping, des restaurants ou les deux. En utilisant les résultats de recherche en ligne, vous pouvez obtenir des informations supplémentaires et des avis sur les magasins et les restaurants à Oahu. N'oubliez pas de respecter toutes les précautions de sécurité et d'être gentil avec les entreprises et les consommateurs locaux.

Spectacles Hula et Luau

Un luau est une fête traditionnelle hawaïenne organisée pour commémorer des occasions importantes telles que des anniversaires, des mariages ou des anniversaires. Un luau comprend souvent du cochon kalua, du poisson lomi lomi, du poi, du lau lau et du haupia, ainsi que des cocktails comme le mai tai, la pina colada et le punch aux fruits. Un luau comprend également de la musique live, des jeux, de l'artisanat et des ritescomme le imu (four souterrain) et le don du lei (guirlande de fleurs). Ali'i Luau du Centre culturel polynésien, Paradise Cove Luau de Ko Olina et Royal Hawaiian Luau (Aha'aina) du Royal Hawaiian Hotel comptent parmi les meilleurs luaus d'Oahu.

Un spectacle de hula est une danse hawaïenne qui utilise de beaux mouvements, gestes et expressions faciales pour transmettre un récit ou communiquer une émotion.

Des chants, des chansons, des tambours et d'autres instruments peuvent être utilisés pour accompagner le hula. Il existe deux types de hula : le kahiko (ancien) et l'auana (contemporain). Auana est plus informel et inspiré d'autres cultures, tandis que Kahiko est plus formel et religieux. Le Kuhio Beach Hula Show, le Rock-A-Hula Show et le Queen's Waikiki Luau comptent parmi les meilleurs spectacles de hula à Oahu.

Vous vivrez une expérience agréable et mémorable à Oahu, que vous choisissiez un luau ou un spectacle de hula, ou les deux. En utilisant les résultats de recherche en ligne, vous pouvez obtenir des informations supplémentaires et des avis sur les spectacles de luau et de hula à Oahu. N'oubliez pas de prendre toutes les précautions de sécurité et de respecter la culture et le peuple hawaïens.

Musées et galeries d'art

Les musées constituent un excellent moyen de découvrir le passé, le présent et les perspectives d'Oahu. Vous pouvez visiter des musées axés sur l'histoire et la culture d'Hawaï, comme le palais Iolani, le seul palais royal sur le territoire américain ; le Bishop Museum, le plus grand musée d'histoire naturelle et culturelle d'Hawaï ; et le Hawaii State Art Museum, le musée d'art de l'État. Le mémorial de l'USS Arizona, le dernier lieu de repos des 1 177 membres d'équipage tués sur l'USS Arizona lors de l'attaque de Pearl Harbor ; le Pearl Harbor Aviation Museum, le plus grand musée de l'aviation du Pacifique ; et le US Army Museum of Hawaii, un musée qui présente l'histoire de l'armée américaine à Hawaï et dans le Pacifique, mérite également une visite.

Les galeries sont une excellente occasion de profiter de la beauté et de la diversité d'Oahu, ainsi que du talent et de l'expression des artistes. Vous pouvez visiter des galeries présentant les œuvres d'artistes locaux et internationaux, comme le Honolulu Museum of Art, qui expose une collection de plus de 50 000 œuvres d'art de diverses cultures et périodes ; la Andrew Rose Gallery, spécialisée dans l'art contemporain d'artistes hawaïens ; et le Park West Fine Art Museum & Gallery Hawaii, qui expose les œuvres de certains des artistes les plus renommés au monde, tels que Peter Max, Romy Schneider et Robert Rauschenberg.

Vous pouvez également visiter des galeries qui présentent les œuvres d'artistes spécifiques, comme la Pegge Hopper Gallery, qui présente les peintures de Pegge Hopper, une célèbre artiste qui représente les femmes d'Hawaï ; la Clark Little Gallery, qui présente les photographies de Clark Little, un célèbre photographe qui capture les vagues et l'océan ; et le musée Shangri La, qui présente la collection de Doris Duke, une célèbre philanthrope qui a collectionné

À Oahu, que vous visitiez un musée, une galerie ou les deux, vous passerez une journée agréable et instructive. En utilisant les résultats de recherche en ligne, vous pouvez obtenir des informations supplémentaires et des avis sur les musées et galeries d'Oahu. N'oubliez pas de respecter les consignes de sécurité et d'apprécier l'art et les créateurs.

Bien-être et spas

Les spas sont une excellente méthode pour détendre et revitaliser votre peau, vos muscles et vos sens. Vous pouvez choisir parmi une variété de spas adaptés à différents types et budgets, notamment des spas de luxe, de charme et respectueux de l'environnement. D'autres thérapies utilisent des ingrédients naturels et biologiques, tels que des herbes, des fruits, des fleurs et des huiles hawaïennes. Le Honolulu Spa and Wellness, spécialisé dans les soins de la peau et les massages avancés ; le Laniwai Spa, qui dispose d'un jardin d'hydrothérapie et d'une cuisine d'inspiration hawaïenne ; et le Moana Lani Spa, qui propose des soins en bord de mer et une piscine d'eau salée, sont parmi les plus grands spas d'Oahu.

Les centres de bien-être sont une excellente méthode pour améliorer votre santé physique et mentale, ainsi que votre bien-être émotionnel et social. Vous pouvez choisir parmi une variété d'installations de bien-être qui proposent des services et des programmes adaptés à vos besoins et intérêts spécifiques, comme le yoga, le Pilates, la méditation ou l'acupuncture.

Le yoga aérien, le SUP yoga et la danse hula ne sont que quelques-uns des programmes et séminaires disponibles pour vous enseigner de nouvelles capacités et techniques. Beach Sunset Yoga Hawaii, un studio de yoga qui propose des cours sur la plage au coucher du soleil ; Hawaii Natural Therapy, un centre de bien-être qui propose des services de massage, d'acupuncture et de chiropratique ;

et Michelle's Beauty and Wellness Center, un centre de bien-être qui propose des soins du visage Hydra, du microblading et des extensions de cils, comptent parmi les meilleurs centres de bien-être d'Oahu.

Chapitre 6 : Une semaine à Oahu

Jour 1 : Honolulu et Waikiki

Matin

Commencez votre journée en visitant Pearl Harbor, le site de la tristement célèbre attaque qui a entraîné les États-Unis dans la Seconde Guerre mondiale. Vous pouvez prendre une navette, un bus ou un taxi depuis Waikiki jusqu'au Pearl Harbor Visitor Center, où vous pourrez acheter des billets pour les différentes attractions, notamment le mémorial de l'USS Arizona, le musée et parc du sous-marin USS Bowfin et le musée de l'aviation du Pacifique.

Pour une expérience plus pédagogique et immersive, vous pouvez également programmer une visite guidée ou une visite audio. Pour tout voir, il vous faudra au moins trois heures, alors planifiez en conséquence.

Après-midi

Retournez à Waikiki et déjeunez dans l'un des nombreux restaurants et cafés le long de la plage ou sur l'artère principale, Kalakaua Avenue. Vous pouvez choisir parmi les cuisines hawaïenne, japonaise, chinoise, coréenne, thaïlandaise, italienne, mexicaine et autres. Les favoris locaux incluent le poke (salade de poisson cru), le loco moco (riz, galette de hamburger, œuf et sauce) et le spam musubi (riz, spam et algues).

Passez du temps à vous reposer et à profiter de la plage après le déjeuner. Dans la mer propre et chaude, vous pouvez nager, bronzer, surfer, faire du paddleboard ou faire de la plongée avec tuba. Pour plus de confort et d'ombre, vous pouvez louer une chaise de plage, un parasol ou une cabane. Vous pouvez également faire du shopping, parcourir ou faire du lèche-vitrines dans les nombreux magasins et boutiques le long de la plage et de la rue principale, où vous pouvez acheter des souvenirs, des vêtements, des bijoux, des œuvres d'art et d'autres articles.

Soirée

Préparez-vous pour une nuit de divertissement et de divertissement après une journée de visites et d'activités à la plage. Le dîner peut être apprécié dans l'un des nombreux restaurants et pubs le long de la plage ou dans la rue principale, où vous pourrez admirer le coucher du soleil et écouter de la musique live. Vous pouvez également assister à un spectacle dans l'un des nombreux lieux et hôtels de Waikiki, comme un spectacle de hula, un spectacle de magie ou un numéro de comédie. Pour une expérience plus festive et communautaire, pensez à participer à une tournée des bars, une croisière cocktail ou un luau. Vous pouvez également simplement vous promener sur la plage ou dans la rue principale la nuit pour découvrir les lumières, les sons et l'ambiance de Waikiki.

Jour 2 : Centre-ville et Pearl Harbor

Matin

Commencez votre journée en visitant le mémorial USS Arizona, le site le plus célèbre et le plus triste de Pearl Harbor. Vous pouvez prendre une navette, un bus ou un taxi de Waikiki au Pearl Harbor Visitor Center, où vous pouvez acheter des billets pour le monument ou les réserver à l'avance en ligne. Après avoir visionné une vidéo documentaire de 23 minutes sur la toile de fond et le contexte de l'assaut de Pearl Harbor, vous monterez à bord d'un bateau qui vous transportera au mémorial, érigé au sommet du cuirassé coulé USS Arizona, où 1 177 marins et marines sont morts en décembre. 7 décembre 1941. Vous aurez environ 15 minutes pour présenter vos respects et regarder les noms des guerriers tombés au combat gravés sur le mur de marbre.

Après avoir visité le mémorial de l'USS Arizona, vous pourrez visiter le musée et le parc du sous-marin USS Bowfin, le mémorial du cuirassé Missouri et le musée de l'aviation du Pacifique à Pearl Harbor. Vous pouvez acheter des billets individuels pour chaque attraction ou acheter un passeport pour Pearl Harbor, qui couvre l'accès aux quatre sites. Pour une expérience plus pédagogique et immersive, vous pouvez également programmer une visite guidée ou une visite audio. Chaque attraction prendra au moins deux heures à voir, alors planifiez en conséquence.

Après-midi

Après avoir visité Pearl Harbor, dirigez-vous vers le centre-ville d'Honolulu, le centre historique et culturel de la ville. De Pearl Harbor au centre-ville, vous pouvez prendre une navette, un bus ou un taxi, ou participer à une visite guidée qui comprend le transport et la discussion. Vous pouvez déjeuner dans l'un des nombreux restaurants et cafés du centre-ville, où vous pourrez déguster des saveurs hawaïennes, chinoises, japonaises, coréennes, philippines, vietnamiennes et autres saveurs étrangères.

Après le déjeuner, consacrez un peu de temps à visiter les sites et attractions du centre-ville, tels que :

Palais Iolani: Ancienne demeure des monarques hawaïens et seul palais royal des États-Unis. La salle du trône, la salle à manger d'État, les salons privés et les trésors de la couronne peuvent tous être vus lors d'une visite guidée ou autoguidée du palais. Vous pourrez également assister au rituel de la relève de la garde, qui a lieu à chaque heure.

Statue du souverain Kamehameha: Une statue en bronze du roi Kamehameha Ier, premier souverain d'Hawaï qui a uni les îles sous sa domination. Le monument se dresse devant Aliiolani Hale, le siège historique du gouvernement hawaïen et le site actuel de la Cour suprême d'Hawaï. Lors d'occasions importantes, comme la Journée du roi Kamehameha le 11 juin, le monument est orné de lei (guirlandes de fleurs).

Capitole de l'État d'Hawaï : C'est le siège du gouvernement de l'État d'Hawaï, ainsi que les bureaux du gouverneur et de la législature. La structure est censée refléter les aspects naturels et culturels d'Hawaï, tels que les volcans, l'océan, le ciel et l'esprit aloha. Vous pouvez visiter le bâtiment par vous-même et voir l'art public, les salles et les jardins.

Maison d'Honolulu: Il s'agit de l'hôtel de ville d'Honolulu, ainsi que des bureaux du maire et du conseil. La structure est un mélange d'éléments architecturaux espagnols, hawaïens et américains, avec une tour de l'horloge, une cour et une galerie. Vous pouvez visiter le bâtiment par vous-même et observer les expositions historiques, les images et les décorations.

Église de Kawaiahao: L'ancienne église nationale du royaume hawaïen et la première église chrétienne d'Hawaï. L'église est faite de blocs de corail et présente un design de la Nouvelle-Angleterre, ainsi qu'un orgue et un cimetière. Parce qu'elle a accueilli de nombreux rituels royaux, tels que des couronnements, des mariages et des enterrements, la cathédrale est parfois connue sous le nom d'abbaye de Westminster d'Hawaï.

Soirée

Profitez d'une soirée détendue et romantique au centre-ville après une journée d'histoire et de culture. Vous pouvez dîner dans l'un des nombreux restaurants et bars du centre-ville, où vous pourrez profiter de la cuisine exquise et de la vie nocturne d'Hawaï. Vous pouvez également assister à un spectacle, comme une pièce de théâtre, un concert ou un spectacle humoristique, dans l'un des nombreux lieux et théâtres du centre-ville, tels que le Hawaii Theatre, le Blaisdell Center et le Blue Note Hawaii. Pour une expérience plus pittoresque et joyeuse, vous pouvez également participer à un dîner-croisière, à une croisière au coucher du soleil ou à un feu d'artifice. Vous pouvez également simplement vous promener dans le centre-ville la nuit et profiter des images, des sons et de l'ambiance de la ville.

Jour 3 : Diamond Head et Hanauma Bay

Matin

Commencez votre journée par une randonnée jusqu'au sommet de Diamond Head, le monument le plus célèbre d'Oahu. Depuis Waikiki, prenez un bus, un taxi ou un service de covoiturage jusqu'au Diamond Head State Monument, où vous pourrez payer des frais d'entrée nominaux et commencer votre randonnée. Le trajet aller-retour dure environ 2,6 km et prend environ 1,5 à 2 heures. Le chemin est bien balisé et pavé, bien qu'il soit raide et inégal, avec plusieurs marches et tunnels le long du chemin. Pour la randonnée, vous devrez apporter Daya 1 : Honolulu et Waikiki

Après-midi

Après la randonnée à Diamond Head, dirigez-vous vers la baie de Hanauma, le lieu de plongée en apnée le plus populaire d'Oahu.

Depuis Diamond Head, prenez un bus, un taxi ou un service de covoiturage jusqu'à la réserve naturelle de Hanauma Bay, où vous pourrez payer un droit d'entrée nominal et visionner un film pédagogique obligatoire avant d'accéder à la baie. Vous devrez également louer ou emporter du matériel de plongée en apnée tel qu'un masque, un tuba et des palmes. Pour la plongée en apnée, vous aurez également besoin d'eau, de crème solaire et d'une serviette. Vous devez également porter un maillot de bain et un rashguard ou un T-shirt pour vous protéger du soleil.

La baie de Hanauma est un sanctuaire marin abritant des centaines de poissons et de coraux colorés dans des eaux propres et peu profondes. Le récif est séparé en deux sections : le récif intérieur, plus proche de la côte et adapté aux novices, et le récif extérieur, plus éloigné du rivage et excellent pour les plongeurs experts. Vous devez respecter les lois et réglementations de la baie, qui incluent de ne pas toucher ou nourrir les créatures aquatiques, de ne pas marcher sur le corail et de ne pas jeter de détritus. Il faut également respecter l'écologie et la culture de la baie, que les Hawaïens considèrent comme sacrée.

Passez quelques heures à faire de la plongée en apnée et à explorer la région avant de vous détendre et de profiter de la plage. Vous pouvez également vous rendre au centre d'information pour en savoir plus sur la baie et les activités de conservation. Vous pouvez également acheter de la nourriture et des boissons au stand de concession ou apporter votre pique-nique.

Soirée

Après la plongée en apnée dans la baie de Hanauma, passez la soirée à vous reposer et à manger à Waikiki. Depuis la baie de Hanauma, prenez un bus, un taxi ou un service de covoiturage jusqu'à Waikiki, où vous pourrez manger dans l'un des nombreux restaurants et cafés le long de la plage ou dans l'artère principale, Kalakaua Avenue. Vous pouvez choisir parmi les cuisines hawaïenne, japonaise, chinoise, coréenne, thaïlandaise, italienne, mexicaine et autres. Les spécialités locales comprennent la glace pilée (glace pilée aromatisée), les malasadas (beignets portugais) et les bols d'açaï (bols de fruits et de granola).

Après le dîner, vous pourrez regarder un film gratuit sur la plage lors de l'événement Sunset on the Beach, qui a lieu tous les samedis soirs.

Apportez votre couverture ou votre chaise et regardez un film en famille sous les étoiles.

Vous pouvez également acheter du pop-corn et des boissons auprès des vendeurs, ou apporter vos rafraîchissements. Vous pouvez également assister à un spectacle de hula gratuit au Kuhio Beach Hula Mound les mardi, jeudi et samedi soir. Vous pourrez observer la danse hula exquise, complétée par de la musique live et des récits. Vous pouvez également assister à un feu d'artifice gratuit tous les vendredis soirs au Hilton Hawaiian Village. Vous pourrez découvrir l'ambiance joyeuse et romantique de Waikiki la nuit tout en regardant le spectacle lumineux et étonnant des feux d'artifice au-dessus de l'océan.

Jour 4 : Haleiwa et la Côte-Nord

Matin

Commencez votre journée par un voyage sur la Côte-Nord, un endroit rural et magnifique sur la côte nord d'Oahu. De Waikiki à Haleiwa, vous pouvez prendre un bus, un taxi ou un service de covoiturage, ou louer un véhicule et conduire vous-même. Le trajet dure environ une heure et tout au long du parcours, vous pourrez voir les montagnes, les plantations d'ananas et l'océan.

Lorsque vous atteignez la côte nord, dirigez-vous vers la baie de Waimea, l'une des plages les plus célèbres et les plus pittoresques d'Oahu. Waimea Bay est célèbre pour ses vagues hivernales, qui peuvent dépasser 9 mètres de hauteur et attirer les plus grands surfeurs et spectateurs du monde.

Vous pouvez soit observer les surfeurs, soit les rejoindre si vous êtes suffisamment expérimenté et audacieux. Nagez, prenez un bain de soleil, pique-niquez sur la plage ou faites une randonnée jusqu'aux chutes de Waimea, une cascade de 14 mètres dans la vallée de Waimea.

Après avoir exploré la baie de Waimea, continuez vers le Banzai Pipeline, un autre site de surf célèbre sur la côte nord. Le pipeline Banzai est bien connu pour ses vagues creuses et fortes qui s'écrasent sur un récif de corail déchiqueté. Le Banzai Pipeline accueille également le Billabong Pipe Masters annuel, l'événement final du World Surf League Championship Tour. Depuis la côte, vous pourrez observer les surfeurs combattre les vagues ou observer le sable et l'eau.

Après avoir vu les surfeurs au Banzai Pipeline, rendez-vous à Haleiwa, la principale ville et centre culturel de la Côte-Nord.

Haleiwa est une petite ville agréable avec une atmosphère détendue et créative. Le déjeuner peut être pris dans l'un des nombreux restaurants et cafés de Haleiwa, où vous pourrez déguster les saveurs locales et étrangères de la Côte-Nord, telles que les saveurs hawaïennes, japonaises, thaïlandaises, mexicaines et autres. Vous pourrez également déguster des spécialités locales, notamment des crevettes, du poke et de la glace pilée.

Après le déjeuner, consacrez du temps à visiter les monuments et attractions de Haleiwa, tels que :

Parc de la plage Haleiwa Alii: Il s'agit d'un parc de plage populaire avec une eau calme et propre où vous pouvez nager, surfer, faire du paddleboard ou du kayak. Vous pourrez également observer des tortues marines, qui viennent fréquemment à la plage pour se reposer et dîner.

Vous pourrez également en apprendre davantage sur l'histoire et la culture du surf sur la Côte-Nord au Haleiwa Surf Museum.

Galerie d'art Haleiwa: Il s'agit d'une galerie d'art où vous pouvez voir et acheter des peintures, des sculptures, des bijoux et des poteries d'artistes locaux et étrangers. Rencontrez les artistes et découvrez leurs influences et leurs approches.

Marché fermier d'Haleiwa: Il s'agit d'un marché fermier hebdomadaire où les agriculteurs et commerçants locaux vendent des aliments frais et biologiques, des fleurs, des produits de boulangerie et de l'artisanat. Vous pouvez également profiter de musique live, de divertissements et d'activités familiales.

Soirée

Profitez d'une soirée détendue et délicieuse à Haleiwa après une journée d'aventure et de culture. Vous pouvez dîner dans l'un des nombreux restaurants et pubs de Haleiwa, où vous pourrez profiter des fruits de mer et de la vie nocturne de la Côte-Nord. Vous pouvez également assister à un spectacle, comme un spectacle de hula, un spectacle de feu ou un numéro de comédie, dans l'un des nombreux lieux ou hôtels de Haleiwa.

Pour une expérience plus pittoresque et romantique, vous pouvez également faire une croisière au coucher du soleil, une excursion d'observation des baleines ou une excursion d'observation des étoiles. Vous pouvez également simplement vous promener dans Haleiwa la nuit et profiter des lumières, des bruits et de l'ambiance de la ville.

Jour 5 : Kailua et Lanikai

Matin

Commencez votre journée par un voyage à Kailua, un village calme et agréable sur la côte est d'Oahu. De Waikiki à Kailua, vous pouvez prendre un bus, un taxi ou un service de covoiturage, ou louer un véhicule et conduire vous-même. Le trajet dure environ 30 minutes et, en chemin, vous pourrez profiter d'une vue sur les montagnes, l'océan et la campagne.

À votre arrivée à Kailua, rendez-vous au Kailua Beach Park, l'une des plages les plus belles et les plus populaires d'Oahu. L'océan turquoise, le sable blanc et les vagues modérées du Kailua Beach Park sont bien connus. Sur la plage, vous pouvez nager, bronzer, surfer, faire du paddleboard ou de la planche à voile, ou louer un kayak et explorer les îles adjacentes comme Mokulua et Popoia.

Vous pouvez également vous rendre à Kailua Beach Adventures pour planifier une excursion guidée en kayak ou une excursion de plongée en apnée et en découvrir davantage sur la vie marine et l'écosystème locaux.

Après-midi

Après avoir fait le plein de plage et de kayak, dirigez-vous vers la plage de Lanikai, sur la côte est d'Oahu. La plage de Lanikai se trouve à quelques minutes en voiture ou à pied du parc de la plage de Kailua et est considérée comme l'une des plus belles plages du monde. La plage de Lanikai est réputée pour son eau propre, son sable lisse et ses palmiers. Nagez, faites de la plongée avec tuba ou détendez-vous sur la plage, ou promenez-vous jusqu'aux casemates de Lanikai, deux bunkers militaires historiques offrant une vue panoramique sur l'océan et les îles.

Après avoir visité la plage de Lanikai, retournez à Kailua pour déjeuner dans l'un des nombreux restaurants et cafés de la ville, où vous pourrez déguster les saveurs locales et internationales de Kailua, telles que les saveurs hawaïennes, japonaises, thaïlandaises, italiennes, mexicaines et bien plus encore. Vous pouvez également déguster des spécialités régionales, notamment des bols d'açai, des smoothies et des sandwichs.

Après le déjeuner, consacrez un peu de temps à visiter les sites et attractions de Kailua, tels que :

Marché fermier de Kailua: Il s'agit d'un marché fermier hebdomadaire où les agriculteurs et commerçants locaux vendent des aliments frais et biologiques, des fleurs, des produits de boulangerie et de l'artisanat.

Vous pouvez également profiter de musique live, de divertissements et d'activités familiales.

Centre-ville de Kailua: Un complexe de vente au détail et de restauration proposant une large gamme de magasins, boutiques, restaurants et services. Il existe également diverses choses locales et hawaïennes, comme des vêtements, des bijoux, des œuvres d'art et des souvenirs.

Marais de Kawai Nui: La plus grande zone humide d'Hawaï et abrite de nombreux oiseaux, plantes et animaux indigènes et menacés. Vous pouvez participer à une promenade guidée ou autoguidée dans le marais pour en apprendre davantage sur l'histoire et les efforts de conservation de la région.

Le long des sentiers et des promenades, vous pouvez également faire de la randonnée, du vélo ou observer les oiseaux.

Soirée

Profitez d'une soirée paisible et savoureuse à Kailua après une journée d'activités à la plage et en ville. Vous pouvez dîner dans l'un des nombreux restaurants et bars de la ville et profiter des fruits de mer et de la vie nocturne de Kailua.

Vous pouvez également vous rendre dans l'un des nombreux lieux et hôtels de Kailua pour assister à des divertissements, comme un spectacle de hula, un spectacle de feu ou un événement humoristique. Pour une expérience plus pittoresque et romantique, vous pouvez également faire une croisière au coucher du soleil, une navigation au clair de lune ou une excursion d'observation des étoiles. Vous pouvez également simplement vous promener dans Kailua la nuit et profiter des vues, des bruits et de l'ambiance de la ville.

Jour 6 : Centre Culturel Polynésien et Laie

Matin

Commencez votre journée en vous rendant au centre culturel polynésien, la destination la plus grande et la plus populaire d'Oahu. Depuis Waikiki, vous pouvez prendre un bus, un taxi ou un service de covoiturage jusqu'au centre culturel polynésien, ou vous pouvez participer à une visite guidée comprenant le transport et la narration.

Le trajet dure environ une heure et, en chemin, vous pourrez profiter d'une vue sur les montagnes, l'océan et la campagne.

En arrivant au Centre Culturel Polynésien, vous pourrez visiter six communautés insulaires inspirées de différentes cultures polynésiennes.

Vous participerez à des chants, des danses et à des activités pratiques avec l'aide d'insulaires autochtones.

Chaque jour, un cortège de bateaux unique en son genre sillonne le parc. Les billets pour le Centre culturel polynésien peuvent être achetés en ligne ou à la porte, avec de nombreux forfaits et options disponibles, comme l'entrée seule, l'entrée avec luau, l'entrée avec spectacle ou l'entrée avec tout compris.

Pour une expérience plus pédagogique et immersive, vous pouvez également programmer une visite guidée ou une visite audio. Pour tout voir, il vous faudra au moins quatre heures, alors planifiez en conséquence.

Après-midi

Après votre visite de l'équipement culturel polynésien, dirigez-vous vers Laie, la ville où se trouve l'équipement. Laie est une petite ville tranquille avec une forte influence mormone et une riche tradition hawaïenne.

Vous pouvez déjeuner dans l'un des nombreux restaurants et cafés de Laie, où vous pourrez déguster les cuisines indigènes et polynésiennes de la ville, telles que la cuisine hawaïenne, samoane, tongienne et autres. Vous pourrez également déguster des spécialités locales, notamment le taro, le poi et le haupia.

Après le déjeuner, passez du temps à visiter les sites et attractions de Laie, tels que :

Temple de Laie à Hawaï: Il s'agit du cinquième temple le plus ancien de l'Église de Jésus-Christ des Saints des Derniers Jours et du premier érigé en dehors de la zone continentale des États-Unis. Avec une façade en marbre blanc, une figure dorée de l'ange Moroni et un jardin verdoyant, le temple est une structure magnifique et solennelle. Des visites et des activités comme des concerts, des séminaires et des expositions sont organisées au temple.

Bord de la route de l'État de Laie Point: Il s'agit d'un magnifique point de vue avec vue sur l'océan, le littoral et les îles périphériques. Il y a aussi une arche naturelle qui a été construite à la suite d'un tsunami en 1946. Dans le parc, vous pouvez également pêcher, pique-niquer, grimper, nager, faire de la plongée avec tuba ou surfer sur la plage adjacente.

Temple de la renommée du football polynésien: C'est à la fois un musée et un temple de la renommée où vous pourrez découvrir l'histoire des joueurs, entraîneurs et contributeurs du football polynésien. Vous pouvez voir les expositions, les souvenirs et les prix des lauréats, ainsi que regarder des films et des expositions interactives.

Soirée

Profitez d'une soirée détendue et fascinante au Centre culturel polynésien après une journée passée à explorer la culture polynésienne et la ville de Laie. Vous pouvez dîner dans l'un des nombreux restaurants et lieux du centre, où vous pourrez découvrir la cuisine et l'ambiance polynésiennes. Vous pourrez également voir la production primée « H : Breath of Life », qui présente plus de 100 artistes polynésiens dans une performance époustouflante et dramatique de feu, de musique et de danse.

Un luau est une fête et une célébration traditionnelle hawaïenne qui comprend de la musique live, de la danse hula et de la danse au couteau de feu. Vous pouvez également simplement vous promener dans le centre la nuit et profiter des lumières, de la musique et de l'ambiance polynésienne.

Jour 7 : Makapuu et Waimanalo

Matin

Commencez votre journée en vous rendant à Makapuu Point, le point le plus à l'est d'Oahu. De Waikiki à Makapuu Point, vous pouvez prendre un bus, un taxi ou un service de covoiturage, ou louer un véhicule et conduire vous-même. Le trajet dure environ 30 minutes et tout au long du parcours, vous pourrez profiter d'une vue sur l'eau, le rivage et les îles.

Lorsque vous arrivez à Makapuu Point, vous avez deux options : trek ou phare. Si vous choisissez de grimper, le sentier du phare de Makapuu Point, pavé et bien balisé, mène au sommet de Makapuu Point. Le trajet aller-retour dure environ 3,2 km et prend 1 à 2 heures. Le terrain étant relativement escarpé et exposé, vous devez emporter une boisson, de la crème solaire et un chapeau.

L'ascension en vaut la peine puisque vous serez récompensé par une vue imprenable sur l'océan, le littoral et les îles au large, notamment Rabbit Island, Kaohikaipu et Molokai. Le phare de Makapuu, un phare historique et spectaculaire érigé en 1909, sera également visible. Selon la saison, vous pourrez également observer des animaux tels que des baleines, des dauphins et des mouettes.

Si vous souhaitez vous rendre au phare, suivez la Makapuu Lighthouse Road, qui est une route pavée et fermée qui mène au phare. L'itinéraire mesure environ 1,6 km de long et prend 15 à 20 minutes de marche dans un sens. Le parcours est plat et simple à parcourir, mais il est également exposé, alors emportez une boisson, de la crème solaire et un chapeau. Vous devez également porter des chaussures et des vêtements confortables pour la promenade.

La randonnée en vaut la peine puisque vous observerez de près le phare de Makapuu et en apprendrez davantage sur son histoire et sa signification. Le phare possède une tour octogonale blanche avec un dôme cramoisi et une lentille de Fresnel qui atteint 14 mètres de haut. Le phare est toujours utilisé et fait clignoter une lumière blanche toutes les 15 secondes. Le phare est un monument historique national ainsi qu'un symbole du patrimoine nautique d'Oahu.

Après-midi

Après avoir visité Makapuu Point, continuez vers la plage de Waimanalo, l'une des plages les plus longues et les plus pittoresques d'Oahu. La plage de Waimanalo se trouve à quelques minutes en voiture ou à pied de Makapuu Point et est considérée comme l'une des plus belles plages du monde.

L'océan bleu, le sable blanc et les palmiers de la plage de Waimanalo sont bien connus.

Nager, plonger en apnée, surfer et se détendre sur la plage sont autant d'options, tout comme louer un vélo et explorer la ville adjacente de Waimanalo. Vous pouvez également vous rendre au Waimanalo Beach Park, qui dispose d'équipements tels que des salles de bains, des douches, des tables de pique-nique et des sauveteurs.

Après avoir fait le plein de plage, retournez à Waikiki pour déjeuner dans l'un des nombreux restaurants et cafés le long de la plage ou sur l'artère principale, Kalakaua Avenue. Vous pouvez choisir parmi les cuisines hawaïenne, japonaise, chinoise, coréenne, thaïlandaise, italienne, mexicaine et autres.

Vous pouvez également goûter à certains plats régionaux, notamment le poke, le loco moco et la glace pilée.

Soirée

Profitez d'une soirée détendue et inoubliable à Waikiki après une journée de visites et de plages. Le dîner peut être apprécié dans l'un des nombreux restaurants et pubs le long de la plage ou dans la rue principale, où vous pourrez admirer le coucher du soleil et écouter de la musique live. Vous pouvez également assister à un spectacle dans l'un des nombreux lieux et hôtels de Waikiki, comme un spectacle de hula, un spectacle de magie ou un numéro de comédie. Pour une expérience plus festive et communautaire, pensez à participer à une tournée des bars, une croisière cocktail ou un luau.

Vous pouvez également simplement vous promener sur la plage ou dans la rue principale la nuit pour découvrir les lumières, les sons et l'ambiance de Waikiki.

Vous pouvez également préparer vos affaires et vous préparer à partir, ou prolonger votre séjour et découvrir davantage Oahu et Hawaï. Quel que soit votre choix, vous vivrez une expérience fantastique et inoubliable à Oahu, au cœur d'Hawaï.

Boisson, crème solaire et lampe de poche. Vous devez également porter des chaussures et des vêtements confortables, ainsi qu'un chapeau et des lunettes de soleil pour vous protéger du soleil.

La randonnée en vaut la peine car le sommet du cratère offre une vue imprenable sur l'océan, la ville et le littoral. Vous découvrirez également l'histoire et l'importance de Diamond Head, qui était autrefois un cône volcanique et une tour de guet militaire. Il y a aussi d'anciens bunkers et armes de la Seconde Guerre mondiale.

Conclusion

Ressources et applications utiles

Ce guide de voyage à Oahu est terminé et nous espérons que vous avez aimé le lire autant que nous l'avons créé. Oahu est une île fantastique qui a quelque chose à offrir à tout le monde, que vous aimiez l'aventure, la culture ou la détente. Vous découvrirez peut-être les plus grands sites touristiques, activités et joyaux cachés de l'île, ainsi que son histoire, sa variété et sa convivialité.

Nous avons rassemblé une liste d'outils et d'applications pratiques que vous pouvez utiliser avant et pendant votre séjour à Oahu pour vous aider à planifier et profiter de vos vacances. Voici quelques exemples :

Allez à Hawaï: Site Web officiel du tourisme d'Hawaï, avec des informations et des suggestions sur les voyages, l'hébergement, les transports, les événements et bien plus encore.

Hawaï révélé: Une collection de guides et d'applications proposant des évaluations et des suggestions impartiales et approfondies sur Oahu et d'autres îles hawaïennes.

Zentacle: Un site Web qui vous aide à identifier les meilleurs spots de snorkeling et de plongée à Oahu en fonction des évaluations des utilisateurs et des images.

Tous les sentiers: Un site Web et une application qui vous aident à identifier les plus beaux sentiers de randonnée et pistes cyclables d'Oahu sur la base de cartes, de critiques et d'images soumises par d'autres utilisateurs.

Le bus: Le site Web et l'application officiels du système de transports publics d'Oahu, avec itinéraires, horaires, tarifs et alertes.

Sécurité sur la plage d'Hawaï: Un site Web et une application qui donnent des informations en temps réel sur les conditions et les risques océaniques à Oahu et dans d'autres îles hawaïennes.

Nous espérons que cette visite a éveillé votre intérêt pour visiter Oahu et découvrir sa beauté et son charme.

Printed in Poland
by Amazon Fulfillment
Poland Sp. z o.o., Wrocław

35506731R00123